I0446361

Comment obtenir facilement une indemnité pour un vol annulé, retardé ou surbooké ?

Le guide pratique réservé aux voyageurs aériens futés

Édition 2024

Du même auteur :

Dans la série Romans

Einstein 55-33 : Le Sang des Hémisphères

Retrouvez Léon Goswin :

www.leongoswin.com

Instagram : @leongoswin.auteur

contact@leongoswin.com

AVERTISSEMENT

L'utilisation de ce guide se fait sous l'entière et exclusive responsabilité du lecteur, notamment en ce qui concerne l'interprétation et l'utilisation par le lecteur. Les aspects législatifs exposés concernent principalement la France, même si nous avons aborder d'autres pays comme la Belgique et la Suisse. Malgré de nos efforts de mise à jour, nous vous conseillons de vérifier su la réglementation a changé.

Tous droits réservés. – Éditions VWLG, Chemin du Château 47, 40430 SORE (France). Illustrations : VWLG

Dépôt légal : Décembre 2023

ISBN : 9798871139844

00085198-1

Comment obtenir facilement une indemnité pour un vol annulé, retardé ou surbooké ?

Le guide pratique réservé aux voyageurs aériens futés

Édition 2024

Léon GOSWIN

SOMMAIRE

INTRODUCTION

Bienvenue dans ce guide complet, je vous y accueille avec ma double casquette de juriste et de grand voyageur. Il y a quelques années, j'ai créé une des premières entreprises spécialisées dans la gestion des plaintes des voyageurs aériens.

C'était en 2010 après avoir moi-même vécu la frustration d'être bloqué dans plusieurs aéroports en raison de vols annulés ou retardés.

Malgré mes connaissances juridiques, je m'étais rendu compte que beaucoup de voyageurs ne savaient pas quoi faire dans de telles situations.

C'est ce qui m'a motivé à créer des solutions pratiques pour obtenir facilement des indemnités des compagnies aériennes, et c'est ce que je partage avec vous dans ce livre.

Le problème des perturbations de vols

Lorsqu'un voyage prend une tournure inattendue en raison d'une annulation, d'un retard ou d'un surbooking de vol, le stress et la confusion peuvent rapidement s'installer. En tant que voyageur aérien, vous êtes en droit de vous sentir contrarié, mais rappelez-vous, vous n'êtes pas seul dans cette situation. C'est ce constat qui m'a motivé à partager avec vous des solutions pratiques pour être indemnisé par les compagnies aériennes.

La réalité des perturbations de vol

En tant que juriste et passionné de voyage, j'ai moi-même été confronté à des moments où mes vols ont été annulés ou fortement retardés, me laissant dans des aéroports, perdant du temps précieux et me demandant comment faire valoir mes droits.

Malgré mes compétences juridiques, je me suis retrouvé déconcerté face à l'apparente complexité du processus d'indemnisation. C'est cette expérience personnelle qui a été le catalyseur de mon engagement à aider les autres voyageurs à surmonter ces défis.

L'objectif de ce guide

Le but de ce guide n'est pas seulement de vous donner des informations, mais surtout de vous armer de connaissances et de confiance pour faire valoir vos droits de manière efficace.

À travers ces pages, je vais vous guider étape par étape, vous montrer comment transformer une situation frustrante en une opportunité d'obtenir l'indemnisation à laquelle vous avez droit. Nous allons aborder chaque aspect de ce processus en vous offrant la tranquillité d'esprit nécessaire pour faire face aux perturbations de vol avec assurance.

La puissance de la connaissance de ses droits de voyageur

En comprenant vos droits en tant que passager aérien, vous vous positionnez avantageusement dans la résolution des problèmes liés aux perturbations de vol. Ce guide vise à démystifier les aspects juridiques, à vous donner des outils pratiques et à partager des stratégies qui ont été éprouvées et réussies.

Au fil de ce voyage à travers les chapitres, vous découvrirez comment réclamer et obtenir une indemnité pour les désagréments que vous pourriez rencontrer lors de vos voyages aériens. Rassurez-vous, en tant que professionnel de l'indemnisation des voyageurs aériens, je m'engage à vous accompagner tout au long du processus, mettant à votre disposition mon expertise et mon expérience pour que vous puissiez reprendre le contrôle de vos droits de passager.

L'importance de connaître ses droits

Le voyage aérien est une aventure qui peut être ponctuée d'imprévus, mais il est essentiel de se rappeler que, en tant que passager, vous avez des droits clairs et définis.

Comprendre ces droits est la clé pour naviguer avec succès à travers les perturbations de vol et pour obtenir l'indemnisation à laquelle vous avez droit.

Nous allons explorer ici l'importance qu'il y a à connaître ces droits et comment cette connaissance peut faire toute la différence en cas de situation perturbatrice !

Mieux armé face aux compagnies

La première étape pour faire face à toute perturbation de vol est de réaliser que, en tant que passager, vous n'êtes pas à la merci des circonstances.

La réglementation européenne notamment confère des droits significatifs aux voyageurs, et être informé de ces droits est un puissant levier pour rétablir l'équilibre lorsque les choses ne se déroulent pas comme prévu.

En tant que juriste spécialisé dans ce domaine, je peux attester que la connaissance est véritablement le pouvoir dans ces situations.

Réduire le stress et l'incertitude

Lorsque vous êtes informé de vos droits, vous êtes mieux préparé émotionnellement et pratiquement à faire face aux perturbations.

Le stress et l'incertitude qui accompagnent souvent de telles situations peuvent être considérablement réduits lorsque vous savez ce que vous pouvez légitimement attendre de la compagnie aérienne.

Améliorer la communication avec la compagnie aérienne

Savoir exactement quels sont vos droits vous permet également de communiquer de manière plus efficace avec la compagnie aérienne.

Plutôt que d'être laissé dans l'obscurité, vous serez en mesure de demander les indemnisations appropriées et de prendre des décisions éclairées sur la meilleure marche à suivre. De plus, vous pourrez contrer les refus d'indemnisation

.

CHAPITRE 1 : Les droits des passagers aériens

La première étape pour obtenir une indemnité est de comprendre vos droits en tant que passager aérien. Nous allons principalement examiner la réglementation européenne qui régit ces droits, ainsi que les spécificités en fonction du type de perturbation que vous avez rencontrée. Une connaissance approfondie de ces droits est la clé pour une réclamation réussie.

Nous n'allons pas nous arrêter en si bon chemin puisque d'autres réglementations existent :

- Réglementation britannique UK 261
- Convention de Montréal du 28 mai 1999
- Législations locales comme celles du Canada.

Rassurez-vous, je vous explique immédiatement laquelle s'applique à votre situation. Cela vous permet de préparer votre réclamation et de défendre vos droits en partant du bon pied.

Ce chapitre est à la fois intense et superficiel. Intense car il conjugue plusieurs réglementations. Superficiel car nous irons plus loin, mais de manière pratique !

Voici un résumé en un seul coup d'œil :

➢ Départ de l'UE + CH, IS, N ➢ À destination de l'UE + CH, IS, N	Règlement Européen 261/2004 + Convention de Montréal
➢ Départ du Royaume-Uni ➢ Départ d'un pays autre que le Royaume-Uni à destination du Royaume-Uni avec COMPAGNIE UE / UK ➢ Départ d'un pays autre que le Royaume-Uni à destination de l'UE avec COMPAGNIE UE	Réglementation UK 261 + Convention de Montréal
➢ Autres	Convention de Montréal + législation locale éventuelle

La Réglementation européenne en résumé

Lorsque vous prenez un vol au sein de l'Union européenne (UE) ou sur une compagnie aérienne européenne à destination ou en provenance de l'UE, vous bénéficiez de protections légales définies par la réglementation européenne. Ces droits sont énoncés dans le Règlement (CE) n° 261/2004, un texte fondamental qui établit les droits des passagers aériens et les obligations des compagnies aériennes.

Nous allons le parcourir en vitesse, avant de développer pour vous expliquer les pièges à éviter.

Ce que vous lirez ici, vous pouvez le trouver sur internet, mais pas aussi développé. C'est en cela que ce guide est différent. En effet, là où beaucoup s'arrêtent, je vais plus loin dans le détail pour vous épauler alors que beaucoup d'articles se contentent de généralités finalement peu utiles. C'est la suite de ce chapitre !

Une question d'équilibre entre voyageur et compagnie aérienne

La réglementation vise à équilibrer la relation entre les compagnies aériennes et les passagers, reconnaissant que ces derniers ont des droits légitimes en cas de perturbation de vol.

Les principaux droits couverts par cette réglementation comprennent l'assistance en cas d'annulation ou de retard important, le remboursement ou le réacheminement, ainsi que des indemnités financières en cas de circonstances spécifiques.

Conditions d'application du Règlement

Pour que la réglementation s'applique, plusieurs conditions doivent être remplies. Tout d'abord, le vol doit avoir lieu au sein de l'UE ou impliquer une compagnie aérienne européenne. Deuxièmement, la perturbation du vol doit être attribuable à la compagnie aérienne, à l'exception des cas de force majeure. Enfin, le passager doit avoir respecté les conditions de réservation et d'enregistrement du vol.

Nous y reviendrons en détail !

En cas d'annulation

Les passagers ont droit à une indemnisation en cas d'annulation de vol, à moins que l'annulation résulte de circonstances extraordinaires.

Attention à la jurisprudence qui assimile un départ avancé de plus d'une heure à une annulation.

En cas de retard important

Les passagers ont droit à une indemnisation en cas de retard important à l'arrivée, sauf sauf si la compagnie peut prouver que le retard était dû à des circonstances extraordinaires.

En cas de refus d'embarquement

Les passagers ont en principe droit à une indemnisation en cas de refus d'embarquement involontaire. Cela couvre notamment le surbooking ou overbooking, mais aussi d'autres situations.

Assistance et prise en charge en cas de perturbation

Les transporteurs aériens doivent fournir une assistance appropriée, avec éventuellement un vol de remplacement ou un remboursement, et une prise en charge telle que des repas, des rafraîchissements voire un hébergement en fonction de la durée de la perturbation.

Indemnisation en fonction de la distance

- Moins de 1 500 km

  250 € en cas de retard important, annulation ou refus d'embarquement.

- Entre 1 500 km et 3 500 km (intra-UE)

  400 € en cas de retard important, annulation ou refus d'embarquement.

- Plus de 3 500 km (extra-UE)

  600 € en cas de retard important, annulation ou refus d'embarquement.

Une réduction de 50% peut s'appliquer lorsque le retard à destination est limité.

Circonstances Extraordinaires

Les transporteurs aériens sont exonérés de l'obligation d'indemnisation en cas de circonstances extraordinaires, telles que des conditions météorologiques défavorables, des grèves, des problèmes de sécurité, ou des décisions inattendues des autorités de contrôle du trafic aérien. Avec des nuances de taille !

Réclamation et Recours

Les passagers peuvent introduire une réclamation auprès de la compagnie aérienne concernée et, en cas de refus ou d'absence de réponse, saisir une autorité nationale compétente. Voilà une partie importante de notre chemin avec des pièges á éviter.

Information des passagers

En queue de peloton de ce bref résumé, ce droit est pourtant essentiel. Comme passager, vous avez droit à des informations claires et complètes sur vos droits en cas de perturbation, ainsi que des informations régulières sur la situation du vol.

Il s'agit en fait d'une obligation double :

- Affichage obligatoire "bien en vue dans la zone d'enregistrement « d'un avis invitant le voyageur à se renseigner sur ses droits en matière d'indemnisation et d'assistance » ;
- Remise à chaque `passager affecté par un retard, une annulation ou un refus d'embarquement un document écrit avec les règles d'indemnisation et d'assistance.

Mon expérience me démontre malheureusement que les compagnies se font prier quant il s'agit d'informer le voyageur aérien en cas de souci !

La Réglementation UK 261

Le Brexit a modifié l'indemnisation des voyageurs aériens voyageant au départ ou à destination du Royaume-Uni. En quittant l'Union européenne, le Royaume-Uni s'est aussi soustrait aux règles communautaires.

Le Brexit et le Règlement EU n°261/2004 vers le UK 261

Après une période intermédiaire qui s'est cloturée au soir du 31 décembre 2020, le règne du Règlement EU n°261/2004 a pris fin pour laisser place à la Réglementation UK 261.

Cela change-t-il quelque chose ? Oui et non. Quelle belle réponse de normand ! Parce que la vie et les voyages allaient se poursuivre après le Brexit, le Parlement britannique avait adopté en 2018 la loi de retrait de l'Union Européenne (European Union (Withdrawal) Act 2018), en vertu de laquelle la législation communautaire directement applicable serait incorporée dans le droit britannique après la période de transition sous le nom de « Droit de l'UE Conservé » ou « Retained EU Law ».

Ce qui change avec le UK 261

Pas grand chose puisqu'à travers « The Air Passenger Rights and Air Travel Organisers' Licensing (Amendment) (EU Exit) Regulations 2019 », la Réglementation UK 261 donne aux voyageurs la même protection qu'auparavant en ce compris, et c'est essentiel, les droits octroyés par la Cour de Justice de l'Union Européenne. Cela concerne notamment les retards.

Les juridictions britanniques sont liées par le jurisprudence communautaire née avant 2021. À noter que la Cour de Justice communautaire a perdu toute compétence, ce qui veut dire qu'à l'avenir la jurisprudence future pourrait faire le grand écart entre l'Union Européenne et le Royaume Uni.

Une modification pratique est que tous les montants en euros ont été remplacés par une valeur en livres sterlings. C'est important au moment de rédiger la réclamation puisque la demande d'indemnisation se fait en livres sterlings, indépendamment du taux de change

Indemnisation en fonction de la distance

Les règles du Règlement EU n°261/2004 subsistent par UK 261 interposé, ce qui octroie aux voyageurs une indemnisation forfaitaire en fonction de la distance :

- Vol de moins de 1 500 km : £220€
- Vol entre 1 500 km et 3 500 km : £350
- Vol de plus de 1 500 km (dans l'-UE) : £350
- Vol de plus de 3500 km en dehors de l'Union européenne : £520, avec réduction de 50% si retard de moins de 4 heures.

Annulation intervenue entre 14 et 7 jours avant le départ : voir tableau ci-après

Distance du vol	Retard à l'arrivée	Indemnisation forfaitaire UK 261
Vol de moins de 1500 km	2 heures ou plus	£220
	Moins de 2 heures	£110
Vol entre 1500 et 3500 km	Départ plus de 2 heures <u>avant</u> l'heure de départ prévue et arrivée à destination plus de 3 heures <u>après</u> l'heure prévue d'arrivée	£350
	Départ plus de 2 heures <u>avant</u> l'heure de départ prévue et arrivée à destination moins de 3 heures <u>après</u> l'heure prévue d'arrivée	£175
Vol de plus de 3500 km	Arrivée à destination avec 4 heures de retard ou plus par rapport à l'heure prévue	£520
	Départ 1 heure avant l'heure de départ prévue et arrivée moins de 4 heures de retard sur l'heure prévue	£260

Tout ça pour ça ? Retenez que pour l'instant, les règles sont presqu' identiques. Elles évolueront et lors de la mise à jour de ce guide, je vous informerai des éventuelles nouveautés

La Convention de Montréal

En cas d'annulation, de retard ou de surbooking, la Convention de Montréal vous permet ainsi de demander une indemnisation qui dépasse le forfait du Règlement EU n°261/2004. Cela permet de couvrir des frais exposés qui ne sont pas pris en charge autrement.

C'est ainsi que si, en raison d'un retard fautif imputable à la compagnie aérienne, vous pouvez réclamer la nuit d'hôtel nécessaire, les frais de repas et de boissons. Certaines décisions ont même été jusqu'à imposer d'indemniser des dommages résultant de l'interruption de votre vol comme retenue sur salaire ou perte de rémunération en raison d'un retard important.

Cette Convention s'applique aussi en cas de bagage égaré par la compagnie et couvre l'achat des vêtements en raison de cette perte.

En bref, vous pouvez réclamer tous les frais imprévus occasionnés par l'incident de transport aérien.

Réclamez les frais supplémentaires en cas de retard, d'annulation, de refus d'embarquement

Cela paraît compliqué ? Faisons simple : si en vertu du Règlement EU n°261/2004, vous avez droit à une compensation financière, n'hésitez pas à réclamer tous les frais supplémentaires engendrés par l'annulation, le retard ou le refus d'embarquement. Vous ne risquez rien ! Vous avez tout à gagner !

Attention, la Convention de Montréal parle de « dommages ». Cela concerne donc des frais supplémentaires que vous avez supportés en raison du retard par exemple :

- Vous avez dû réservé un hôtel
- Vous dû prendre d'autres moyens de transport (taxi, train, vol…)
- Vous avez payé des repas supplémentaires

Et le préjudice moral? Oui mais...

Obtenir des dommages-intérêts pour compenser les frais imprévus, c'est une chose. Qu'en est-il du préjudice moral ? En principe, il est indemnisable. La difficulté est de l'évaluer en somme d'argent. S'il s'agit d'essayer d'obtenir une indemnisation pour votre stress à l'aéroport en raison d'un retard de quelques heures, je vous conseille d'oublier.

Par contre, lorsqu'il s'agit de circonstances particulières. Comme ne pas avoir pu être à temps au chevet d'un mourant formant partie de votre proche famille, avoir loupé une opération chirurgicale importante… Dans ce cas, vous avez besoin d'un avocat spécialisé dans l'indemnisation du préjudice moral car la compagnie ne laissera rien passer et cela dépasse le cadre de ce guide.

Pas de remboursement ou de remplacement des billets avec la Convention de Montréal

Nous avons vu que la Réglementation européenne permet d'obtenir le remboursement de son billet d'avion ou un réacheminement. C'est impossible avec la Convention de Montréal.

Cela signifie que si vous n'êtes pas sous le coup du Règlement Européen n°261/2004 ou de la Réglementation UK 261, vous ne recevrez pas de remboursement du billet d'avion ou son remplacement.

Mon conseil : tentez le coup et justifiez votre demande. Vous ne pouvez que ressortir surpris !

Un plafond maximum de 7000 dollars

La Convention vous permet d'obtenir une indemnisation. Elle est cependant plafonnée à 7000 dollars même si votre dommage est supérieur !

La compagnie doit prendre les mesures raisonnables pour éviter les problèmes

Ne vous laissez pas impressionner par les circonstances extraordinaires que vous opposera la compagnie aérienne. Elle vous parlera de conditions météorologiques défavorables, de sécurité, de troubles politiques, de grèves des travailleurs d l'aéroport ou des contrôleurs aériens…

Il peut exister des circonstances extraordinaires. C'est vrai, mais même lorsqu'elles surviennent, la compagnie est tenue d'adopter toutes les mesures raisonnables afin d'éviter l'annulation ou le retard.

Pour cela, regardez ce qu'ont fait les autres compagnies face à la même grève ou tempête de neige ! Elles ont anticipé et trouvé des solutions pour les voyageurs ? Dans ce cas, votre compagnie aérienne ne peut échapper à sa responsabilité.

Problèmes de bagages. Jusqu'à 1700 dollars

Même si ce sujet dépasse le cadre de ce guide (un ouvrage spécifique est en cours de préparation), il est important de retenir que la Convention de Montréal vous permet d'obtenir une indemnisation pour les problèmes de bagages.

Qu'ils soient endommagés, arrivés en retard ou perdus, vous pouvez réclamer une indemnisation jusqu'à près de 1700 dollars ! C'est le cas par exemple si vous avez dû acheter des vêtements à votre arrivée en vacances car vos valises ne sont jamais arrivées …

Attention : sans preuve écrite de la valeur des bagages (factures d'achat de la valise et du contenu), vous serez indemnisé en fonction du poids (environ 20€ par kg).

Cela veut dire que si la valeur de vos bagages est importante, il est essentiel soit d'être à même de prouver leur valeur soit de faire une déclaration de valeur à l'enregistrement. Ce afin d'obtenir l'indemnité maximale

Mon conseil : gardez vos biens de valeur dans votre bagage cabine et enregistrez normalement vos bagages. Si vous laissez vos bien précieux dans votre valise enregistrée, réalisez une déclaration spéciale d'intérêt.

Respectez les délais de réclamation

La Convention de Montréal impose au voyageur lésé de déposer sa réclamation dans des délais stricts qui diffèrent suivant que l'on parle de bagages ou de retard de vol.

Je vous ai préparé un tableau explicatif qui résume les délais à respecter.

Incident	Délai de réclamation
Retard de vol	2 ans
Bagage endommagé	7 jours
Bagage retardé	21 jours
Bagage perdu	2 ans

Un conseil : agissez dans ces délais et au plus vite. C'est ainsi que si vous avez une valise endommagée, réclamez de suite à l'aéroport même si vous disposer de 7 jours. Vous éviterez toute contestation et multipliez vos chances d'indemnisation.

Des réglementations locales

Si le Règlement EU n°261/2004 ou sa copie britannique UK 261 ne s'appliquent pas, vous retombez sur la Convention de Montréal.

Mais pas seulement ! Certains pays se sont dotés d'une législation similaire.

Un exemple est le Canada et voici le lien officiel qui en présente la réglementation :

https://otc-cta.gc.ca/fra/publication/guide-sur-retards-et-annulations-vol.

Depuis 2019, avec une refonte en 2022, les passagers des vols à destination, en provenance et à l'intérieur du Canada, y compris des vols de correspondance sont protégés en cas de retard ou d'annulation imputables à la compagnies aérienne ou de refus d'embarquement.

Un régime de prise en charge des voyageurs est également mis sur pied. Les indemnités versées aux passagers varient suivant la taille de la compagnie aérienne (entre 125 et 1000 dollars canadiens CAD).

Aux États-Unis, la situation est différente et tout repose sur les conditions générales des compagnies, mais c'est en train de changer puisque le 8 mai 2023, l'administration Biden a proposé une nouvelle réglementation inspirée des systèmes européen et canadien.

Je tiens ce chapitre à l'œil pour une prochaine édition et je mettrai ce guide à jour si nécessaire. Et oui, le droit n'est pas toujours un long vol tranquille !

CHAPITRE 2 : Comprendre les raisons des perturbations de vol

Les perturbations de vol, qu'il s'agisse d'annulations, de retards ou de surbooking, peuvent sembler surgir de nulle part, mais en réalité, elles sont souvent le résultat de divers facteurs. Dans ce chapitre, nous explorerons ces raisons, car la compréhension de la source du problème est cruciale pour formuler une réclamation solide et réussie.

Causes fréquentes d'annulation

Les annulations de vol peuvent être déclenchées par une variété de circonstances. Les raisons les plus courantes comprennent des problèmes techniques avec l'aéronef, des conditions météorologiques extrêmes, des grèves du personnel, ou des problèmes opérationnels de la compagnie aérienne. Comprendre la cause de l'annulation vous aidera à établir une réclamation plus informée.

Stratégies pour faire valoir vos droits en cas d'annulation

- Collectez des preuves de l'annonce de l'annulation.

- Vérifiez si la cause de l'annulation relève de la responsabilité de la compagnie aérienne.

- Choisissez judicieusement entre le remboursement et le réacheminement en fonction de vos besoins.

Facteurs de retards courants

Les retards de vol peuvent être causés par une multitude de facteurs, depuis des problèmes techniques jusqu'à des contraintes de trafic aérien. Il est crucial de comprendre ces facteurs pour évaluer la légitimité d'une demande d'indemnisation en cas de retard important.

Stratégies pour Faire Valoir Vos Droits en Cas de Retard

- Documentez le retard en prenant note de l'heure d'arrivée réelle par rapport à l'heure prévue.

- Informez-vous sur la cause spécifique du retard et vérifiez si elle est imputable à la compagnie aérienne.

- Si le retard est important, considérez la possibilité de réclamer une indemnité.

Le phénomène du refus à l'embarquement

Remplir leurs avions, voilà l'objectif légitime des compagnies aériennes. Pour y parvenir, elles tiennent compte d'une réalité : tous les passagers ne se présentent pas à l'embarquement. C'est ce qui explique qu'elles vendent plus de billets que de sièges disponibles dans l'avion.

D'autres situations apparaissent couramment. Parfois la compagnie remplace un avion atteint d'un problème technique par un appareil plus petit et forcément certains passagers restent sur le plancher des vaches.

Un autre cas régulier est celui où l'équipage est insuffisant par rapport au nombre de passagers. La réglementation impose une hôtesse (ou un steward) par tranche de 50 passagers, ce qui force la compagnie à refuser des passagers en cas d'indisponibilité de membres du personnel pour grève, accident ou autre.

On peut aussi penser à une compagnie qui se voit imposer un rapatriement sanitaire qui prend facilement l'espace de quatre sièges avec le malade allongé, le médecin, le matériel médical, avec comme conséquence le refus d'embarquer plusieurs voyageurs en raison des sièges désormais indisponibles.

Stratégies pour faire valoir vos droits en cas de surbooking

- Connaître vos droits en cas de refus d'embarquement.
- Évaluer si le surbooking ou autre refus était nécessaire et raisonnable.
- Réclamer une indemnité si vous êtes affecté par le refus d'embarquement.

En comprenant les raisons possibles des perturbations de vol, vous serez mieux équipé pour prendre des décisions éclairées et formuler des réclamations solides. Dans les chapitres suivants, nous examinerons en détail la procédure à suivre immédiatement après l'annonce d'une perturbation, vous donnant ainsi les outils nécessaires pour réagir rapidement et efficacement.

CHAPITRE 3 : Étapes à suivre immédiatement après l'annonce de la perturbation de vol

Lorsque vous êtes confronté à une annulation, un retard important ou un surbooking, une réaction rapide est cruciale pour maximiser vos chances d'obtenir une indemnité. Dans ce chapitre, nous aborderons les étapes essentielles que vous devez suivre immédiatement après l'annonce de la perturbation pour renforcer votre position et faciliter le processus de réclamation.

Communication avec la compagnie aérienne

La première étape après avoir été informé d'une perturbation est d'entrer en communication avec la compagnie aérienne. Voici quelques conseils clés pour une communication efficace !

- Informez-vous : Renseignez-vous sur la nature de la perturbation, la cause présumée et les options proposées par la compagnie aérienne.

- Gardez votre calme : Bien que la situation puisse être frustrante, rester calme et poli dans votre communication renforcera votre position.
- Posez des questions pertinentes : Demandez des détails sur les options de réacheminement, les compensations potentielles, et les mesures d'assistance.
- Documentez la communication : Notez le nom des agents avec lesquels vous parlez, les heures des conversations, et les informations fournies.

Collecte de preuves

La collecte de preuves solides est cruciale pour étayer votre réclamation. Abordons ici ce que vous devriez faire pour documenter la perturbation.

- Réalisez des captures d'écran : Prenez des captures d'écran des informations de vol, y compris l'annonce de la perturbation, les retards, ou les changements d'itinéraire.
- Gardez vos reçus : Conservez tous les reçus relatifs à des dépenses supplémentaires engagées en raison de la perturbation, tels que les repas, l'hébergement, ou les transports alternatifs.
- Collectez des témoignages : Si possible, obtenez des déclarations écrites d'autres passagers affectés par la perturbation. Ces témoignages peuvent renforcer votre réclamation.
- Enregistrez les communications : Si vous avez des conversations téléphoniques avec la compagnie aérienne, enregistrez-les si et seulement si la législation locale le permet.

Choix entre remboursement et réacheminement

La plupart du temps, la compagnie aérienne vous proposera le choix entre le remboursement de votre billet ou un réacheminement vers votre destination finale. Considérez les éléments suivants lors de votre choix.

- Évaluez vos priorités : Si le temps est essentiel, le réacheminement peut être la meilleure option. Si vous décidez d'annuler le vol, assurez-vous de comprendre les conditions de remboursement.
- Demandez des détails : Assurez-vous d'obtenir des détails clairs sur les arrangements de réacheminement, y compris les horaires et les escales.
- Vérifiez vos droits : Connaître vos droits vous aidera à faire un choix éclairé.

En agissant rapidement et de manière méthodique, vous améliorez significativement vos chances d'obtenir une indemnité. Les prochains chapitres vous guideront à travers le processus de réclamation, vous montrant comment formuler votre demande de manière efficace et comment faire face aux éventuels refus d'indemnisation

La réaction qui sauve une indemnisation en cas de vol annulé

Imaginez que, moins de 14 jours avant le départ, vous receviez une information de la compagnie : votre vol est annulé. Comment réagir ? Sauter sur votre téléphone et exprimer votre colère à un Service Clients qui ne pourra rien faire ? Non !

Allez sur internet et recherchez si un autre vol (de la même compagnie ou non) est disponible ? Google Flights, Skyscanner ; Kayak, peu importe la façon du moment que vous ayez l'info ! Conservez précieusement la preuve des vols alternatifs disponibles.

Pourquoi ? Tout simplement parce que la Cour de Justice de l'Union européenne a rendu un arrêt le 11 juin 2020 qui vaut, sinon de l'or, mais au moins 250 ou 600€ par voyageur

Je vais vous en épargner la lecture et me concentrer sur ce qu'il faut en retenir : même si l'annulation a lieu en raison de circonstances extraordinaires valablement établies par la compagnie (et même incontestables), vous avez droit à l'indemnisation forfaitaire si un réacheminement plus adapté et raisonnable était possible !

Je vais être franc : cet argument ne sera pas admis d'emblée par la compagnie aérienne. Persistez. Allez en conciliation ou devant le Tribunal. Ce dernier sera particulièrement sensible à cet argument ! À votre profit !

Après avoir planté le décor, continuons notre périple en découvrant la réglementation sur laquelle vous baserez votre demande d'indemnisation. Il n'y a pas de secret, ce sera souvent le Règlement EU n°261/2004… Mais n'anticipons pas !

.

CHAPITRE 4 : Mon vol est-il concerné par le Règlement EU n°261/2004 ?

Un jeu de piste, voilà ce que je vous avais promis ! Commençons par un premier point : votre vol est-il concerné par le Règlement EU n°261/2004 ?

C'est le texte le plus utilisé en Europe. Un incontournable que trop d'articles ou de sites internet résument trop vite. C'est d'ailleurs pour cela que vous avez ce guide entre les mains, non ? Pour aller plus loin !

En parlant de résumés faits à la va-vite, je pense à ceux qui disent que ce Règlement européen concerne les vols européens, alors qu'il convient de préciser !

Vols au départ de l'Union européenne, de la Suisse, de l'Islande et de la Norvège

Ce Règlement est d'application pour tous les vols au départ d'un des 28 pays de l'Union européenne. Ainsi que des pays l'ayant ratifié : la Suisse, l'Islande et la Norvège. (Note : pour rendre la lecture aisée, quand nous parlons d'Union européenne dans le reste du texte, nous y incluons Suisse, Islande et Norvège). Peu importe que la compagnie soit européenne ou non ! Tout dépend de l'aéroport de départ, pas de la nationalité du transporteur.

Cela signifie qu'un vol à destination de l'Australie entre dans le champ d'application de ce texte s'il se fait au départ de Paris par exemple. Ce n'est pas le cas si l'aéroport de départ est New York.

Un autre exemple : lorsque vous décollez de France vers le Royaume-Uni, votre vol est directement visé par le Règlement Européen n°261/2004. Même après le Brexit ! Nous verrons de suite que pour le vol retour, soit Royaume-Uni-France, la réponse peut être différente.

Vols au départ de pays non européens à condition qu'ils soient à destination d'un pays de l'Union européenne et opérés par une compagnie de la Communauté européenne

Le texte européen s'applique aux vols au départ de pays non européens à condition qu'ils soient à destination d'un pays de l'UE et opérés par une compagnie de la communauté européenne.

Un exemple : vous décollez de Londres (Royaume-Uni) avec une compagnie non européenne (Easyjet, Ryanair, Royal Air Maroc, Emirates…) à destination de Paris, dans ce cas, le Règlement Européen ne vous protège pas.

Attention ! Depuis le 1er janvier 2021, le Royaume-Uni n'est plus membre de l'Union Européenne (UE) et n'est plus soumis au droit de l'UE. Cependant le droit britannique s'est adapté et a repris des dispositions similaires au droit de l'Union européenne en adoptant le "European Union (Withdrawal) Act 2018". On parle souvent de « UK 261 ».

Comment savoir si ma compagnie aérienne est européenne ?

Le Règlement EU n°261/2004 définit ainsi le transporteur communautaire : il s'agit d'«un transporteur aérien possédant une licence d'exploitation en cours de validité, délivrée par un État membre conformément aux dispositions du règlement (CEE) n° 2407/92 du Conseil du 23 juillet 1992 concernant les licences des transporteurs aériens. »

En clair, ça veut dire quoi ? Il s'agit de voir où est enregistrée la compagnie. Par exemple, KLM est enregistrée aux Pays-Bas, Air Malta à Malte, Corsair en France, mais United Airlines n'est pas enregistrée dans l'Union européenne …

Pour s'y retrouver, c'est facile, suivez ce lien Wikipédia pour trouver les compagnies enregistrées par continent : : https://fr.wikipedia.org/wiki/Liste_des_compagnies_a%C3%A9rienn es

La question des vols avec escale

Imaginons un vol Lufthansa au départ l'Union européenne à destination de la Californie (USA) avec escale dans le New Jersey (USA). Cette situation a été soumise à la Cour de Justice de l'Union européenne (CJUE) qui en avril 2022 a décidé que si le voyage(incluant les deux vols séparés par cette escale aux États-Unis) a été totalement réservé auprès d'une compagnie européenne, alors la compagnie qui opère le vol litigieux, même si celle-ci n'est pas européenne et si le second vol relie deux aéroports situés hors de l'UE, peut se voir appliquer le Règlement européen n°261/2004.

Cela signifie que tout dépend si vous avez effectué un réservation globale du vol avec escale ou si vous avez réalisé une réservation séparée pour les deux vols. Il s'agit du principe de l'unicité du voyage consacré auparavant par la même juridiction. Dans le premier cas, vous pouvez invoquer le texte européen. Dans la seconde situation, à savoir le vol entre deux aéroports américains dans notre exemple, le Règlement européen est inopérant.

Le partage de code

Revenons à notre vol Lufthansa depuis l'Europe à destination de la Californie (San Jose) avec escale dans le New-Jersey (Newark). La réservation avait été faite auprès de la compagnie allemande Lufthansa mais le transporteur était américain : United Airlines.

Il s'agit de la pratique courante du « code-share » : une compagnie aérienne vend le voyage, mais c'est une autre compagnie qui effectue le vol.

La Cour de Justice de l'Union européenne (CJUE) s'est opposée à United Airlines qui considérait que le Règlement européen ne s'appliquait qu'aux vols partant de l'Union européenne ou bien d'un territoire hors UE à la condition qu'ils soient opérés par une compagnie européenne. La CJUE a estimé que United Airlines avait opéré au nom de Lufthansa, qui est un transporteur européen et que le Règlement européen était applicable.

Que retenir ? Vérifiez avec quelle compagnie vous avez un contrat. Le transporteur à qui vous avez acheté le billet est-il européen ? Si oui, le vol au départ de l'Union européenne est protégé par la règle européenne, même si le vol est opéré par un autre transporteur non-européen.

Un vol avec correspondances avec départ initial et la destination finale hors Union européenne mais avec escale sur le territoire de l'Union

Imaginons un vol Brésil – Kenya avec escale en France. Le fait d'avoir cette escale française transforme-t-il le vol ? Devient-il protégé par le Règlement EU n°261/2004 ? Non ! La CJUE estime que l'applicabilité du Règlement est applicable en fonction du lieu de départ initial et de la destination finale de ce vol, sans tenir compte des escales. (Arrêt du 24 février 2022, C 451/20).

Une compagnie aérienne ayant son siège principale hors Union européenne, mais immatriculée au Registre de commerce (RCS...) d'une ville de l'Union Européenne

Prenons un billet d'avion Air Canada pour un vol Genève-Montréal annulé. Air Canada a son siège principal au Canada.

Le fait pour la compagnie d'avoir des bureaux en France avec immatriculation au RCS de Paris en fait-elle une compagnie européenne ? Non ! C'est ce que dit la Cour de cassation française.

Le Règlement EU n°261/2004 s'applique en cas de voyages HOTEL + AVION : oui mais...

Vous lirez parfois dans des publications écrites à la hâte que le Règlement EU n°261/2004 ne s'appliquerait pas en cas de voyage à forfait, et notamment pour les voyages combinant hébergement et vol.

Il n'y a rien de plus faux. Ce qui se passe est que beaucoup ont lu trop vite la fin de l'article 3 du règlement qui dit : « Le présent règlement ne s'applique pas lorsqu'un voyage à forfait est annulé pour des raisons autres que l'annulation du vol. ». ils ont tout simplement oublié la fin de cette disposition.

Remettons de l'ordre ! Les passagers ayant réservé un vol dans un voyage à forfait sont protégés par le Règlement EU n°261/2004 ! Ils ont droit à l'ensemble de la protection prévue par ce texte : assistance et indemnisation. Le fait de réserver séparément ou ensemble vol et hébergement ne change rien.

Ce que dit le Règlement EU n°261/2004 au sujet des voyages à forfait est qu'il ne s'applique pas si l'annulation n'est pas liée au vol. Par exemple lorsque c'est l'agence de voyage qui annule l'ensemble de la prestation en raison d'un souci d'hébergement.

Il faut aussi retenir que d'autres réglementations protègent les clients des agences de voyages. Un exemple ? Des voyageurs réservent un séjour en Grèce incluant hôtel et vols aller-retour entre les Pays-Bas et la Grèce sur Aegean Airlines. Quelques jours avant le voyage, le tour operator annonce l'annulation du vol. Le problème est que le tour operator tombe ensuite en faillite. Les voyageurs vont en justice contre Aegean Airlines pour obtenir la compensation forfaitaire du règlement 261-2004 et le remboursement du billet. Le tribunal néerlandais condamne Aegean Airlines à payer l'indemnité forfaitaire, mais pas à rembourser le billet.

Pourquoi ? Simplement parce que la juridiction a demandé l'avis de la Cour de Justice de l'Union européenne qui a estimé que le droit au remboursement du billet du Règlement européen n° 261/2004 et de la directive EU n° 2015/2302 sur les voyages à forfait ne peuvent être cumulés. En d'autres mots, les voyageurs n'ont pas droit à une double protection, même si l'agence de voyages est incapable financièrement d'effectuer le remboursement du billet…

Votre vol est protégé par le Règlement EU n°261/2004 ? Poursuivons. Si ce n'est pas le cas, n'oubliez pas les autres bases légales : UK 261, Convention de Montréal. Nous y reviendrons !

CHAPITRE 5 : L'assistance et la prise en charge à l'aéroport - Règlement EU n°261/2004

Nous avons tous vécu des heures d'attente interminables dans des aéroports, les yeux rivés sur des panneaux d'affichage rythmés par des mots maudits : ANNULÉ ; RETARDÉ, CANCELLED ; DELAYED.

Dans ce chapitre, vous verrez en détail quels sont vos droits !

À la fin de ce livre électronique, vous trouverez votre KIT DE SURVIE LÉGAL À GLISSER DANS VOTRE PASSEPORT. Imprimez-le et glissez-le dans vos documents de voyage !

En cas d'incident à l'aéroport, il vous suffira de le sortir pour réagir au mieux et défendre vos droits.

Vos droits à l'assistance : remboursement du billet, réacheminement, prise en charge

Quand on parle d'assistance, on parle en réalité de deux prestations différentes :

- Le choix entre remboursement du billet et réacheminement vers la destination finale en cas de refus à l'embarquement, d'annulation : PAS EN CAS DE RETARD.

- La prise en charge dans tous les cas : retard, annulation, refus à l'embarquement.

	Choix entre remboursement du billet et réacheminement vers la destination finale	Remboursement du billet et vol retour vers le point de départ initial	Prise en charge
Annulation	OUI	NON	OUI
Refus à l'embarquement	OUI	NON	OUI
Retard	NON	OUI SI RETARD DE 5 H AU MOINS	OUI

La prise en charge

La prise en charge vous donne droit gratuitement à des repas et des boissons en fonction du délai d'attente, un hébergement à l'hôtel si votre vol ne décolle pas le jour même (avec transfert depuis l'aéroport) ainsi que deux appels téléphoniques, deux fax ou deux courriels.

PRISE EN CHARGE MÊME SI CIRCONSTANCES EXTRORDINAIRES		
TOUJOURS	**AU CHOIX**	**ÉVENTUELLEEMT**
Rafraichissements et collations en quantité suffisante et fonction du délai d'attente	2 appels téléphoniques ou 2 SMS ou 2 télex ou 2 fax	Hébergement à l'**hôtel** si séjour imprévu et vol programmé le lendemain
		Transport de l'aéroport au lieu d'hébergement.

Cette prise en charge est due quelle que soit la cause de la perturbation dans le voyage.

Il est important de réclamer cette prise en charge en invoquant l'article 9 du Règlement EU n°261/2004. En cas de refus, réclamez une attestation et/ou introduisez une réclamation écrite sur-le-champ. Si vous devez avancer les frais, conservez- les preuves de tout pour réclamer par la suite.

À noter que la durée de l'hébergement n'est pas limitée par la réglementation européenne. Le texte parle d'hébergement d'attente à l'hôtel d'une ou plusieurs nuits si nécessaire. Ne vous laisser intimider et surtout n'acceptez pas une solution précaire comme dormir sur des lits provisoires dans le hall de l'aéroport. Le Règlement EU n°261/2004 parle d'hôtel sans limitation de distance non plus. Cela veut dire que si les hôtels près de l'aéroport sont remplis, rien ne s'oppose à ce que vous soyez hébergé plus loin, en gardant à l'esprit que le transfert aéroport-hôtel est à charge de la compagnie.

Quand on parle de prise en charge, cela vaut aussi à l'escale. Si vous faites un Paris- Londres-New York et que vous êtes bloqué à Londres, la compagnie aérienne doit vous prendre en charge à New York tout ce qui est hôtel, ou repas…. Cela sans préjudice du droit de demander un réacheminement vers New York.

Autre subtilité en cas de changement d'aéroport : si l'aéroport de départ ou de destination n'est pas celui prévu dans la réservation, la compagnie aérienne doit vous y prendre en charge !

Dans le cas où la compagnie aérienne ne fournit pas une ou plusieurs mesures de prise en charge, elle est tenue de vous les rembourser. Conservez les preuves des frais exposés ! Un exemple : un passager refusé à l'embarquement prend un vol le lendemain. Il n'a pas été hébergé par la compagnie. Il peut demander à se faire rembourser de sa note d'hôtel en présentant la preuve ! Et les repas, les boissons, le taxi….

La prise en charge à partir de quand ?

Dès que votre attente dépasse 2 heures, vous avez droit à être pris en charge. Cela ne veut pas dire que vous pouvez réclamer une chambre d'hôtel tout de suite pour vous reposer si votre vol matinal est reporté à l'après-midi.

CHAPITRE 6 : Circonstances extraordinaires en cas d'annulation ou de retard - Règlement EU n°261/2004

Lorsqu'un vol est retardé ou annulé, la compagnie aérienne peut échapper au paiement de toute compensation financière s'il existe des circonstances exceptionnelles inévitables.

Attention : ce que vous lirez ici ne s'applique pas au surbooking. Le transporteur ne peut justifier votre non-embarquement par une circonstance exceptionnelle comme un ouragan ! Mais il peut justifier qu'il n'a pas embarqué un passager pour des raisons de santé, de sûreté ou de sécurité ou encore de documents de voyages inadéquats.

La pratique montre que les compagnies invoquent systématiquement de telles circonstances. C'est là-dessus que vous devez monter un dossier solide en vous préservant des preuves. Il peut s'agir de documents remis par l'aéroport ou le transporteur, de photographies, de données collectées sur des sites spécialisés, des articles de presse, des attestations...

> *Important : c'est en principe la compagnie aérienne qui a la charge de la preuve, mais le plus souvent elle se contente d'avancer un motif sans le justifier.*

Qu'est-ce qu'une circonstance extraordinaire ?

Le Règlement européen n°261/2004 ne donne pas d'exemples, mais explique qu'il y a « circonstance extraordinaire », lorsque le trafic aérien est perturbé « bien que toutes les mesures raisonnables aient été prises par le transporteur aérien afin d'éviter les retards ou les annulations. »

Il n'y a pas besoin de vous faire un dessin pour certaines situations qui apparaissent incontestablement comme « exceptionnelles » au point de justifier une annulation de vol.

Il peut s'agir de :

- Catastrophe naturelle : ouragan, tempête, éruption volcanique, tremblement de terre… ;
- Mauvaises conditions météo : enneigement important, brouillard épais, pluie forte, orage… ;
- Situation politique : attaque terroriste, trouble politique occasionnant un risque pour la sécurité ;
- Crise sanitaire : Covid 19 par exemple ;
- Grève du personnel de l'aéroport ou de ses sous-traitants (comme les bagagistes, les contrôleurs aériens ou les agents de sécurité). PAS DU PERSONNEL DE LA COMPAGNIE AÉRIENNE.
- Responsabilité d'un tiers : voyageur perturbateur, dangereux ou souffrant, retard intervenu au niveau des travailleurs ou sous-traitants de l'aéroport (retard de traitement des bagages ou de la fourniture de kérosène, contrôle de sécurité excessivement lent…)
- Motif de sécurité : collision de l'avion avec un véhicule ou des oiseaux, panne subite de moteur, …

Si ces motifs ne font généralement pas débat, ce n'est pas le cas d'autres utilisés à tour de bras par les compagnies aériennes.

Et notamment :

- La grève du personnel ;
- La sécurité.

Une circonstance extraordinaire ayant affecté un des vols précédents de la compagnie aérienne ?

En 2021, la Cour de Justice de l'Union eEuropéenne a dû répondre à cette question. En effet, pour éviter de verser une indemnisation aux passagers, le transporteur peut invoquer que l'annulation ou le retard se justifiait par une circonstance extraordinaire impossible à éviter malgré toutes les mesures prises.

Imaginons qu'un vol entre Vienne et Berlin soit retardé par des conditions météo dantesques. Le transporteur peut justifier le retard de ce vol puisque malgré tous ses efforts, il ne pouvait empêcher que soit retardé le vol.

Puisque les avions travaillent en rotation, qu'en est-il du vol suivant qui devait être opéré par cet avion au départ de Berlin ? Même si les conditions météorologiques sont bonnes à Berlin, la compagnie peut justifier le retard de ce second vol par les circonstances extraordinaires qui ont impacté le vol précédent de l'avion.

C'est ce qu'a décidé la Cour de Justice : une compagnie aérienne peut s'exonérer de son obligation d'indemnisation en invoquant une circonstance extraordinaire ayant affecté non pas le vol litigieux mais un vol précédent, opéré par le même transporteur avec le même appareil.

Voilà un parfait exemple de l'équilibre que tente d'atteindre cette haute juridiction. Elle tient compte aussi des difficultés d'exploitation des compagnies, des rotations et, au final, les compagnies ne sont plus tenues de disposer de plusieurs avions dans chaque aéroport pour suppléer tout retard d'une autre rotation.

La grève du personnel de la compagnie

Nous avons vu que la grève du personnel de l'aéroport ou des contrôleurs aériens ôte toute possibilité de compensation financière car ce fait est extérieur à la compagnie aérienne qui ne peut ni le maîtriser ni l'éviter.

C'est différent pour une grève du personnel de la compagnie aérienne. En effet, la compagnie en est généralement informée et la jurisprudence estime soit que ce fait ne lui est pas étranger, soit qu'elle aurait pu prendre des dispositions pour éviter l'annulation. La compagnie doit indemniser le voyageur.

Et s'il s'agit d'une grève « sauvage » du personnel de la compagnie ? La Cour de Justice de l'Union européenne (CJUE) a tranché en 2018 dans une affaire impliquant TUI Fly : une "grève sauvage" du personnel naviguant à la suite de l'annonce surprise d'une restructuration n'est pas une "circonstance extraordinaire" permettant à la compagnie aérienne de se libérer de son obligation d'indemnisation en cas d'annulation ou de retard important de vol.

Un autre exemple vient d'une décision du Tribunal de Grande Instance (TGI) d'Evry de 2018. En 2017, la Guyane avait été le centre d'une grève colossale qui avait tout paralysé. Une quantité innombrable de vols avaient été annulés. Un voyageur coincé sur place en raison de l'annulation de son vol retour Cayenne-Paris avait réclamé une indemnisation au transporteur qui lui avait opposé que cette grève était une circonstance extraordinaire.

En effet, elle était extérieure non seulement au personnel de la compagnie, mais aussi extérieure à l'aéroport s'agissant d'un mouvement social généralisé. Le juge ne l'a pas entendu de cette oreille en tenant compte des circonstances. En effet, s'il y avait bien une grève générale en cours depuis plusieurs jours sur tout le territoire, la compagnie aérienne avait eu le temps nécessaire pour trouver une solution. D'autres transporteurs avaient ainsi fourni à leurs clients des vols de réacheminement. Voilà pourquoi le tribunal a estimé que le transporteur n'avait pas prouvé l'existence de circonstances extraordinaires et qu'il devait indemniser le voyageur.

Cela vient mettre à mal une légende qui affirme que toutes les grèves externes à la compagnie seraient des circonstances extraordinaires exonérant le transporteur de vous indemniser. Tout est affaire de circonstances.

Cela démontre aussi qu'il faut persister dans sa réclamation, quitte à aller en justice pour faire condamner la compagnie aérienne.

Je ne peux que déplorer la tactique habituelle des transporteurs aériens qui répondent à la demande du voyageur par une belle argumentation sur l'existence de circonstances extraordinaires. Le jeu consiste à décourager le passager… Raison de plus pour persévérer !

La sécurité

S'il y a bien un argument dont abusent régulièrement les compagnies aériennes pour ne pas payer, c'est celui de la sécurité.

Dès que la compagnie vous oppose ce motif, je vous conseille de réclamer des détails car la Cour de Justice de l'Union européenne (CJUE) a décidé que "des problèmes techniques révélés lors de l'entretien des aéronefs ou en raison du défaut d'un tel entretien ne sauraient constituer, en tant que tels, des circonstances extraordinaires".

Ou encore… « Un problème technique survenu à un aéronef en dépit des règles minimales d'entretien ne sera pas considéré comme une circonstance extraordinaire. Dans ce cas, le transporteur ne pourra se libérer de son obligation d'indemnisation. »

Dans une autre affaire, elle a tranché au sujet d'un transporteur qui justifiait un retard à l'arrivée de plus de 6 heures en soutenant que le retard était imputable à une « circonstance extraordinaire » liée aux dommages subis la veille par l'avion.

Celui-ci avait été heurté par un escalier mobile d'embarquement en causant des dommages à la structure d'une aile nécessitant le remplacement de l'appareil. La CJUE a estimé qu'il ne s'agissait pas d'une circonstance extraordinaire.

Si derrière le motif technique de sécurité invoqué un problème d'entretien, il ne s'agit plus d'une circonstance extraordinaire.

Il en est de même si la compagnie avait le temps de prévoir un autre avion. Ce sont des exemples dont vous pouvez vous inspirer.

Le tuyau en or qui coupe l'herbe sous le pied des circonstances extraordinaires

Ce que vous allez lire va vous paraître connu … Effectivement, j'ai déjà insisté sur ce tuyau à 600€ !

À ce prix là, je le répète et je le répéterai. C'est important de garder à l'esprit ceci : en cas de vol annulé moins de 14 jours avant le départ, même si l'annulation a lieu en raison de circonstances extraordinaires valablement établies par la compagnie (et même incontestables), vous avez droit à l'indemnisation forfaitaire si un réacheminement plus adapté et raisonnable était possible !

C'est essentiel de l'intégrer dans votre réclamation !

CHAPITRE 7 : Si votre vol est annulé - Règlement EU n°261/2004

En cas d'annulation de vol, le voyageur a droit à plusieurs prestations cumulables :

- Prise en charge gratuite ;
- Réacheminement ou remboursement ;
- Compensation financière forfaitaire ;
- Indemnisation si préjudice complémentaire.

Annulation ou retard ?

C'est important de déterminer si votre vol est annulé ou retardé. En effet, les règles changent quelque peu dans un cas et dans l'autre, notamment en ce qui concerne l'assistance et l'indemnisation.

Vous allez me dire que selon le Règlement européen° 261/2004, on parle d'annulation quand « un vol qui était prévu initialement et sur lequel au moins une place était réservée, n'a pas été effectué ».

Çà, c'est la théorie. !

En pratique, malheureusement, ce n'est pas toujours évident de distinguer entre annulation et retard. Il faut aller dans les détails des solutions offertes par la compagnie aérienne. En effet, si votre avion ne part pas en temps et heure, ce n'est pas pour ça qu'il est annulé.

Regardez si le vol sur lequel vous partez correspond au vol prévu :

- Même itinéraire de vol
- Même escale
- Même numéro de vol

Si ces trois points ne changent pas mais que vous partez après l'heure de départ programmée, c'est un retard peu importe sa durée.

Si, par contre, les détails du vols changent (plan de vol non prévu, escale différente, numéro de vol modifié), il s'agit d'une annulation avec réacheminement. Un exemple typique : deux vols sont programmés (un vol Bruxelles – Marrakech et un vol Paris -Marrakech). Comme un des avions est en panne, la compagnie décide d'utiliser un appareil plus gros au départ de Bruxelles avec escale à Paris avant d'atteindre Marrakech. Pour le passager au départ de Bruxelles, tout semble fort semblable sauf l'escale. Pour le passager parisien, c'est encore plus similaire. Sauf que…. le numéro de vol et le plan de vol ont changé. Les vols initiaux ont été annulés et un réacheminement proposé.

Et si la tableau d'affichage indique « annulé », c'est une annulation ? Pas nécessairement ! Regardez si les détails du vol (itinéraire, escale, numéro) ont changé. Cela influence l'assistance à laquelle vous avez droit.

« Annulation » quand le transporteur aérien avance le vol de plus d'une heure

Quand on parle d'annulation, on pense tous à ce courrier électronique qui nous informe que le vol ne partira pas. Ou à l'annonce à l'aéroport qui chante la même musique.

Plus d'une heure d'avance = annulation

Le texte du Règlement européen n°261/2004 définit une annulation comme « le fait qu'un vol qui était prévu initialement et sur lequel au moins une place était réservée n'a pas été effectué ».

Un « presque » cadeau de Noël a été fait aux voyageurs le 21 décembre 2021 par la Cour de Justice de l'Union européenne : un vol doit être considéré comme « annulé » lorsque le transporteur aérien effectif avance celui-ci de plus d'une heure.

En effet, elle estime que dans une telle situation, l'avancement doit être considéré comme important en ce qu'il peut « donner lieu à des désagréments sérieux pour les passagers, au même titre qu'un retard. Un tel avancement fait perdre aux passagers la possibilité de disposer librement de leur temps ainsi que d'organiser leur voyage ou leur séjour en fonction de leurs attentes. Ainsi, le passager peut notamment se voir contraint de s'adapter de manière significative à la nouvelle heure de départ de son vol afin de pouvoir prendre celui-ci ou même, quoiqu'ayant pris toutes les précautions requises, ne pas être en mesure d'embarquer dans l'avion »

Pas de réduction de l'indemnisation même si aucun retard à destination

La cerise sur le gâteau est que la CJUE estime que « dans le cas d'un avancement important du vol donnant droit à une indemnisation (ce qui suppose notamment une communication tardive de l'avancement), le transporteur aérien doit toujours payer le montant total (donc, selon la distance, 250, 400 ou 600€). Il ne dispose pas de la possibilité de réduire de 50 % l'éventuelle indemnité à payer au motif qu'il a proposé au passager un réacheminement qui permet à ce dernier d'arriver sans retard à sa destination finale ».

L'horaire avancé est une offre de réacheminement

Et on continue avec les bonnes nouvelles ! La Cour va plus loin et considère que « l'information sur l'avancement du vol communiquée au passager avant le début du voyage peut constituer une offre de réacheminement ».

La preuve de l'heure de vol

Un autre aspect de cette jurisprudence du 21 décembre 2021 est que si le voyageur reçoit par l'organisateur du voyages un document contractuel qui promet un vol précis, individualisé par l'indication des lieux et des horaires de départ et d'arrivée, ainsi que du numéro de vol, il peut tirer argument de cette communication à l'encontre de la compagnie aérienne.

La Cour estime en effet que le passager n'est pas tenu de se procurer des informations relatives aux relations entre l'organisateur et le transporteur aérien.

Réacheminement ou remboursement

En plus de l'assistance, la compagnie aérienne doit proposer aux passagers de choisir entre :

- Un réacheminement via autre vol vers la destination finale dans des conditions de transport comparables ;
- Un remboursement du billet dans un délai de sept jours.

C'est à vous qu'il revient de choisir entre les deux options. La compagnie aérienne peut vous imposer une formule ou une autre. De plus, elle ne peut vous imposer de payer le réacheminement.

	Choix entre rembourse-ment du billet et réachemine-ment vers la destination finale	Rembourse-ment du billet et vol retour vers le point de depart initial	Prise en charge
Annulation	OUI	NON	OUI
Vol avancé de plus d'une heure	OUI	NON	OUI

En ce qui concerne le remboursement, il doit intervenir dans les 7 jours. N'hésitez pas à réclamer des dommages et intérêts en cas de dépassement de ce délai.

Attention : depuis 2020, les compagnies aériennes sont autorisées par la Commission européenne à proposer un avoir remboursable en espèces au terme de sa période de validité. La compagnie ne peut imposer cet avoir. Elle a juste le droit de le proposer.

Cas où l'indemnisation n'est pas due

Le Règlement européen prévoit deux hypothèses dans lesquelles la compagnie aérienne n'est pas tenue de compenser financièrement le voyageur au vol annulé :

- Quand il a été informé en temps utile ;
- En cas de circonstances exceptionnelles

Pas d'indemnisation si le voyageur a été informé en temps utile

L'indemnisation n'est pas due lorsque le voyageur est informé de l'annulation du vol

- Au moins 2 semaines avant le départ ;
- De 2 semaines à 7 jours avant le départ à condition de recevoir une offre de réacheminement avec un vol proposé en remplacement avancé de moins de 2h ou avec une arrivée retardée de moins de 4h ;
- Moins de 7 jours avant l'heure de départ prévue si on leur offre un vol de remplacement partant au plus tôt 1 heure avant l'heure de départ prévue et atteignant la destination finale moins de 2 heures après l'heure prévue d'arrivée.

C'est ce que dit le texte du Règlement européen n°261/2004. Pour la clarté, on repassera. Voilà pourquoi je vous le présente sous une autre forme.

Quand le voyageur informé de l'annulation a droit à une compensation financière ?

Pour simplifier, je vais vous expliquer la même chose, mais en me centrant sur les possibilités d'indemnisation.

Vous avez droit à une indemnisation pour vol annulé lorsque le vol a été annulé moins de 14 jours avant le départ ET que la compagnie aérienne est responsable de cette annulation.

Pour vous aider, voici un tableau des situations d'annulation qui donnent droit à une indemnisation même si vous avez été informé

Moment de la notification de l'annulation	Vol de réacheminement / remplacement	Indemnisation
Moins de 7 jours avant le départ prévu	PAS DE RÉACHEMINEMENT ou Départ plus d'1 heure <u>avant</u> l'heure de départ prévue ET arrivée à destination plus de 2 heures <u>après</u> l'heure prévue d'arrivée	OUI
Entre 7 et 14 jours avant le départ prévu	PAS DE RÉACHEMINEMENT ou Départ plus de 2 heures <u>avant</u> l'heure de départ prévue ET arrivée à destination plus de 4 heures <u>après</u> l'heure prévue d'arrivée	OUI
Moins de 14 jours avant le départ prévu	PAS DE RÉACHEMINEMENT	OUI
Plus de 14 jours avant le départ		NON

Dans le tableau suivant, on tient compte de la nouvelle jurisprudence qui assimile le départ anticipé de plus d'une heure comme une annulation

Moment de la notification l'avancement du départ DE PLUS d'1 h	Indemnisation même si arrivée à l'heure
Moins de 7 jours avant le départ prévu	OUI
Entre 7 et 14 jours avant le départ prévu	OUI
Moins de 14 jours avant le départ prévu	OUI
Plus de 14 jours avant le départ	NON

La réaction miracle en cas d'annulation

Je commence à radoter, vous allez me dire. Effectivement, j'ai déjà insisté sur ce tuyau à 600€ ! À ce prix là, je le répète mot à mot….

Imaginez que, moins de 14 jours avant le départ, vous receviez une information de la compagnie : votre vol est annulé. Comment réagir ? Sauter sur votre téléphone et exprimer votre colère à un Service Clients qui ne pourra rien faire ? Non !

Allez sur internet et recherchez si un autre vol (de la même compagnie ou non) est disponible ? Google Flights, Skyscanner, Kayak, peu importe la façon du moment que vous ayez l'info ! Conservez précieusement la preuve des vols alternatifs disponibles.

Pourquoi ? Tout simplement parce que la Cour de Justice de l'Union Européenne a rendu un arrêt le 11 juin 2020 qui vaut, sinon de l'or, mais au moins 250 ou 600€ par voyageur

Si vous êtes curieux, le voici :

https://curia.europa.eu/juris/document/document.jsf?text=&docid=227302&pageIndex=0&doclang=fr&mode=lst&dir=&occ=first&part=1&cid=2446509

Pour une fois, je vais vous retranscrire les passages les plus importants si vous voulez plus d'infos :

« *En cas de survenance d'une circonstance extraordinaire, le transporteur aérien qui entend s'exonérer de son obligation d'indemnisation des passagers…. ne peut, en principe, se limiter à offrir aux passagers concernés un réacheminement vers leur destination finale par le vol suivant opéré par lui-même et arrivant à destination le lendemain du jour initialement prévu pour leur arrivée.*

En effet, la diligence requise de ce transporteur aérien afin de lui permettre de s'exonérer de son obligation d'indemnisation suppose qu'il mette en œuvre tous les moyens à sa disposition pour assurer un réacheminement raisonnable, satisfaisant et dans les meilleurs délais, au nombre desquels figure la recherche d'autres vols directs ou indirects opérés éventuellement par d'autres transporteurs aériens appartenant ou non à la même alliance aérienne et arrivant à un horaire moins tardif que le vol suivant du transporteur aérien concerné.

Ce n'est donc que s'il n'existe aucun siège disponible sur un autre vol direct ou indirect permettant au passager concerné d'atteindre sa destination finale à un horaire moins tardif que le vol suivant du transporteur aérien concerné ou que la réalisation d'un tel réacheminement constitue pour ce transporteur aérien un sacrifice insupportable au regard des capacités de son entreprise au moment pertinent que ledit transporteur aérien doit être considéré comme ayant mis en œuvre tous les moyens dont il disposait en réacheminant le passager en cause par le vol suivant opéré par ses soins

Le fait pour un transporteur aérien de procéder au réacheminement d'un passager, au motif que l'aéronef transportant celui-ci a été affecté par une circonstance extraordinaire, au moyen d'un vol opéré par lui-même et conduisant ce passager à arriver le lendemain du jour initialement prévu ne constitue pas une « mesure raisonnable » libérant ce transporteur de son obligation d'indemnisation prévue à l'article 5, paragraphe 1, sous c), et à l'article 7, paragraphe 1, de ce règlement, à moins qu'il n'ait existé aucune autre possibilité de réacheminement direct ou indirect par un vol opéré par lui-même ou tout autre transporteur aérien et arrivant à un horaire moins tardif que le vol suivant du transporteur aérien concerné ».

C'est vraiment à ne pas oublier : si l'annulation a lieu en raison de circonstances extraordinaires valablement établies par la compagnie (et même incontestables), vous avez droit à l'indemnisation forfaitaire si un réacheminement plus adapté et raisonnable était possible ! Comme je vous l'avais dit, il va falloir insister car la compagnie ne va pas accepter facilement cet argument !

Compensation financière forfaitaire

Si le tableau précédent indique que vous avez droit à une compensation, sachez que Règlement EU n°261/2004 prévoit une indemnisation forfaitaire dont le montant dépend de la distance de vol :

- 250€ pour des vols jusqu'à 1500 kilomètres ;
- 400€ pour des vols entre 1500 et 3500 km et vols intracommunautaires de plus de 1500 km ;
- 600€ au-delà de 3500 km, à condition d'avoir au moins 4 heures de retard (300 € pour un retard entre 3 et 4 heures).

Cette indemnisation peut être réduite de 50% si le retard à l'arrivée est limité. En effet, une réduction de 50 % de la compensation financière forfaitaire s'applique lorsque le voyageur victime d'annulation arrive à sa destination finale avec un maximum de 2 heures (pour vol de 1500 km ou moins), 3 heures (pour vols intracommunautaires de plus de 1500 kilomètres et pour tous les autres vols de 1500 à 3500 kilomètres) et 4 heures (pour les autres vols).

Je vous le résume dans ce tableau qui tient compte de la position de la CJUE au niveau des vols avancés de plus d'une heure considérés comme annulés :

ANNULATION SAUF CIRCONSTANCES EXTRAORDINAIRES					
	Pas de réacheminement	Retard <2h	Retard >2 h et <3h	Retard>3h et < 4 h	Retard > 4h
Vols <=1500km	250€	125€	250€	250€	250€
Vols UE + 1500 km & autres vols entre 1500 et 3500 km	400€	200€	200€	400€	400€
Autres vols	600€	300€	300€	300€	600€

HEURE DE DÉPART AVANCEE DE PLUS D'UNE HEURE		
Vols <=1500km	250€	
Vols UE + 1500 km & autres vols entre 1500 et 3500 km	400€	MÊME SI AUCUN RETARD À DESTINATION
Autres	600€	

En combinant les différents tableaux, vous voyez si votre situation vous donne droit à une indemnisation forfaitaire et à combien celle-ci s'élève PAR PERSONNE.

Quelques exemples :

- Mon vol est annulé la veille du départ et un vol de remplacement m'est proposé. Si celui-ci part moins d'1 heure avant l'heure prévue et que j'arrive à ma destination finale moins de 2 heures après l'heure prévue : PAS D'INDEMNISATION

- Mon vol est annulé la veille du départ et un vol de remplacement m'est proposé. Si celui-ci part plus d'1 heure avant l'heure prévue et que j'arrive à ma destination finale moins de 2 heures après l'heure prévue : INDEMNISATION ENTRE 125 et 300€

Important : comment calcule-t-on l'heure d'arrivée de l'avion ?

Puisque l'indemnisation en cas d'annulation avec réacheminement tient notamment compte du dépassement de l'horaire prévu à l'arrivée, on peut se demander comment on détermine l'heure d'arrivée.

La CJUE a répondu à cette question importante en disant que l'heure d'arrivée effective d'un avion correspond au moment où au moins une porte de l'avion s'ouvre. Pas au moment où l'avion se pose sur la piste !

Les circonstances exceptionnelles Les circonstances exceptionnelles

L'indemnisation forfaitaire que vous avez calculée n'est due que si le transporteur ne parvient pas à justifier l'annulation par des circonstances extraordinaires OU s'il les prouve mais qu'il existait une possibilité de réacheminement plus raisonnable que son offre ! .

CHAPITRE 8 : Si votre vol est retardé - Règlement EU n°261/2004

Un vol retardé fait partie du parcours typique du voyageur aérien. Ce qui importe n'est pas le retard en tant que tel, mais les conséquences dommageables de celui-ci pour le passager.

Un exemple classique est celui de la correspondance ratée en raison du retard du premier vol, contraignant le passager à acheter un nouveau billet pour sa destination finale.

En cas de retard de vol, le voyageur a droit à plusieurs prestations cumulables :

- Prise en charge gratuite ;
- Remboursement en cas de retard d'au moins 5 heures si vous renoncez au voyage ;
- Compensation financière forfaitaire si retard de 3 heures minimum ;
- Indemnisation si préjudice complémentaire.

Remboursement

Si vous subissez un retard d'au moins cinq heures et renoncez au voyage, vous pouvez obtenir le remboursement du billet d'avion et un vol retour vers le point de départ initial en cas de vol au départ d'une escale de correspondance.

	Choix entre remboursement du billet et réacheminement vers la destination <u>finale</u>	Remboursement du billet et vol retour vers le point de départ <u>initial</u>	Prise en charge
Retard	NON	OUI SI RETARD DE 5 H AU MOINS	OUI

Indemnisation en cas de retard de 3 heures ou plus

Avant d'aller plus loin, nous devons déterminer à partir de quand on peut parler de retard. S'agit-il d'1 heure ? De 8 heures ?

Le Règlement EU n°261/2004 ne précise rien à ce sujet. Plus encore, si vous lisez le texte, on ne parle nulle part d'indemnisation en cas de retard. Uniquement en cas d'annulation ! La bonne nouvelle, c'est que la jurisprudence s'en est chargée dans un arrêt STURGEON devenu célèbre (Arrêt du 19 novembre 2009, Sturgeon c/ Condor Flugdienst, aff. C-402-07 et Böck et Lepuschitz c/ Air France, aff. C-432/07). J'ai même vu des courriers de compagnies parler de LOI STURGEON. Amusant mais révélateur de l'importance de cet décision.

Grâce à cet arrêt, vous êtes donc en droit d'obtenir une indemnité en cas de retard de vol à 2 conditions cumulatives :

- Le vol est retardé de 3 heures minimum ET
- Le transporteur ne peut justifier ce retard par une circonstance extraordinaire.

Compensation financière forfaitaire

En s'appuyant sur le Règlement EU n°261/2004 et la jurisprudence Sturgeon, vous pouvez réclamer une indemnisation forfaitaire pour retard de 3 heures minimum dont le montant dépend de la distance de vol :

- 250€ pour des vols jusqu'à 1500 kilomètres ;
- 400€ pour des vols entre 1500 et 3500 km ;
- 600€ au-delà de 3500 km.

Pour les vols de plus de 3500 km, une réduction de 50 % de la compensation financière forfaitaire s'applique lorsque le voyageur arrive à sa destination finale avec un maximum de 4 heures.

Pour plus de facilité, voici un tableau récapitulatif :

RETARD SAUF CIRCONSTANCES EXTRAORDINAIRES			
	Retard <3h	Retard >3h et <4h	Retard > 4h
Vols <=1500km	PAS D'INDEMNISATION	250€	250€
Vols UE + 1500 km & autres vols entre 1500 et 3500 km	PAS D'INDEMNISATION	400€	400€
Autres vols	PAS D'INDEMNISATION	300€	600€

Important : comment calcule-t-on l'heure d'arrivée de l'avion ?

Puisque l'indemnisation dépend du dépassement de l'horaire prévu à l'arrivée, on peut se demander comment détermine-t-on l'heure d'arrivée. Est-ce l'heure à laquelle il touche la piste à destination ?

La CJUE a répondu à cette question importante en disant que l'heure d'arrivée effective d'un avion correspond au moment où au moins une porte de l'avion s'ouvre

Les circonstances exceptionnelles

Je vous rappelle que l'indemnisation tombe en principe si la compagnie aérienne établit que le retard est causé par des circonstances exceptionnelles. Je vous conseille de consulter le chapitre qui vous l'explique en détail en y apportant de gros bémols !

Les compagnies aériennes sont redoutables sur ce point et tenteront de noyer le poisson !

CHAPITRE 9 : Vous êtes victime de refus d'embarquement - Règlement EU n°261/2004

Remplir leurs avions, voilà l'objectif légitime des compagnies aériennes. Pour y parvenir, elles tiennent compte d'une réalité : tous les passagers ne se présentent pas à l'embarquement. C'est ce qui explique qu'elles vendent plus de billets que de sièges disponibles dans l'avion.

D'autres situations apparaissent couramment. Parfois la compagnie remplace un avion atteint d'un problème technique par un appareil plus petit et forcément certains passagers restent sur le plancher des vaches.

Un autre cas régulier est celui où l'équipage est insuffisant par rapport au nombre de passagers. La réglementation impose une hôtesse (ou un steward) par tranche de 50 passagers, ce qui force la compagnie à refuser des passagers en cas d'indisponibilité de membres du personnel pour grève, accident ou autre.

On peut aussi penser à une compagnie qui se voit imposer un rapatriement sanitaire qui prend facilement l'espace de 4 sièges avec le malade allongé, le médecin, le matériel médical, avec comme conséquence le refus d'embarquer plusieurs voyageurs.

Pour le voyageur qui se présente à l'aéroport, rien ne lui garantit donc qu'il sera admis à bord. Si vous êtes victime d'un refus d'embarquement de la part de la compagnie, vous pouvez réclamer une compensation financière comme en cas d'annulation et de retard.

Soyons clairs : quand on parle de refus d'embarquement, cela implique que le passager soit refusé contre son gré, ce qui couvre bien plus que le surbooking, nous venons de le voir. Nous verrons ensemble comment il peut être indemnisé. Sachez que si vous acceptez de voyager sur un autre vol en étant surclassé ou un voucher, vous marquez votre accord sur le refus d'embarquement et perdez le droit à indemnisation.

Une réservation confirmée et un enregistrement à l'heure

Selon le Règlement EU n°261/2004, le refus d'embarquement est « le refus de transporter des passagers sur un vol, bien qu'ils se soient présentés à l'embarquement dans les conditions fixées à l'article 3, paragraphe 2, sauf s'il est raisonnablement justifié de refuser l'embarquement, notamment pour des raisons de santé, de sûreté ou de sécurité ou de documents de voyages inadéquats ».

Ce dernier point, nous l'avons déjà évoqué.

Le transporteur ne peut justifier votre non-embarquement par une circonstance exceptionnelle comme un ouragan ! Mais il peut justifier qu'il n'a pas embarqué un passager pour des raisons de santé, de sûreté ou de sécurité ou encore de documents de voyages inadéquats.

Cela implique que le passager doit s'être présenté à l'embarquement. Vous devez donc disposer d'une réservation confirmée pour le vol concerné et vous présenter à l'enregistrement avant l'expiration de l'heure limite. Si vous arrivez après la clôture de l'enregistrement par exemple, il n'est pas question d'appliquer les règles d'indemnisation pour surbooking.

> *Un conseil pour minimiser les risques de refus d'embarquement : arrivez le plus tôt possible à l'enregistrement !*

Volontaire ou non ?

Quand la compagnie aérienne se rend compte qu'il y a plus de passagers que de sièges, elle fait appel à des volontaires disposés à ne pas embarquer moyennant avantages. Le régime d'indemnisation diffère suivant le fait d'être volontaire ou non.

Si vous êtes volontaire

Être disposé à ne pas embarquer volontairement ne vous prive pas de certains droits. Vous avez le choix entre

- Remboursement de votre billet au prix d'achat et si nécessaire du vol retour ;
- Réacheminement vers votre destination finale (dans des conditions de transport comparables et dans les meilleurs délais ou à une date ultérieure à votre convenance sous réserve de la disponibilité de sièges)

De plus, vous pouvez demander :

- Une indemnisation à négocier avec la compagnie aérienne (idéalement par virement ou en espèces plutôt qu'un avoir) ;
- Des prestations comme les boissons ou collations éventuelles

Vous n'êtes pas volontaire

Les choses se corsent quand vous n'êtes pas volontaire, c'est-à-dire que le refus d'embarquement se fait contre votre volonté. Vous disposez des mêmes droits qu'en cas d'annulation de vol :

- Prise en charge gratuite ;
- Choix entre le remboursement du billet en ce compris du vol retour vers le point de départ OU réacheminement ultérieur vers la destination finale ;

- Indemnisation forfaitaire (Entre 125€ et 600€ selon la distance du vol et le retard total à l'arrivée)
- Indemnisation si préjudice complémentaire.

Compensation financière forfaitaire

Cette indemnisation forfaitaire varie entre 125€ et 600€ selon la distance du vol et le retard total à l'arrivée. Ce tableau vous explique tout :

	Vols <=1500 km		Vols UE >1500 km & autres vols de 1500 à 3500km		Autres vols	
Refus à l'embarquement	250€		400€		600€	
Si vol de réacheminement ET RETARD à destination	< 2h	> 2h	<3h	> 3h	< 4h	>4h
	125€	250€	200€	400€	300€	600€

Refus d'embarquement pour motifs opérationnels

C'est ici que nous allons voir que le refus d'embarquement indemnisé par le Règlement EU n° 261/2004 va au-delà du surbooking. Sinon, cela limiterait la protection octroyée aux voyageurs.

Grève et réorganisation d'un vol

Imaginez l'aéroport El Prat de Barcelone touché par une grève du personnel de l'aéroport. Nous avons vu que pareille circonstance permet généralement aux transporteurs d'éviter de payer une indemnisation aux passagers affectés. La Cour de Justice de l'Union européenne a considéré qu'il s'agissait de « circonstances extraordinaires », obligeant à réorganiser les vols suivants.

Des passagers s'étaient vu refuser l'embarquement sur un de ces vols postérieurs. La CJUE a tranché dans le vif en considérant que cela ne justifiait pas le refus de les embarquer sur ces vols ultérieurs et que la compagnie devait indemniser.

N'oublions pas qu'en cas de grève, les compagnies aériennes doivent informer les passagers des vols assurés dans les 24 heures qui précèdent le mouvement social.

Retard causé par le premier vol en cas de vol avec correspondance

Une situation courante est celle du refus d'embarquement d'un passager en raison d'un retard imputable au transporteur pour un premier vol. Celui-ci arrive en retard sans justification valable et la compagnie le refuse à l'embarquement.

Voici un exemple qui vous aidera à comprendre : des passagers de deux vols successifs en possession des cartes d'embarquement pour les deux vols atterrissent à l'escale avec un retard. Bien que se présentant en temps utile à la porte d'embarquement, ils sont refusés car la compagnie a d'autorité annulé leurs cartes d'embarquement pour le second vol.

La Cour de de justice de l'Union européenne (CJUE) a estimé en 2012 que le transporteur devait indemniser les passagers dans ce cas de figure. Cela montre bien que la CJUE englobe dans le refus d'embarquement bien plus que le surbooking. En fait, chaque fois qu'une compagnie refuse d'embarquer un passager sans justification valable (raisons de santé, de sûreté ou de sécurité ou encore de documents de voyages inadéquats), elle doit indemniser le voyageur. Cela va donc au-delà de la pratique de la surréservation et englobe des motifs opérationnels.

Pour la petite histoire, les passagers ainsi indemnisés avaient été embarqués sur un vol le lendemain et étaient arrivés avec plus de 24 heures de retard sur l'horaire réservé.

Embarquer non pas dans l'aéroport initial mais à l'escale

Les tarifs aériens font parfois des détours inattendus. C'est ainsi qu'il est parfois plus avantageux d'acheter un vol avec escale comme un Rio de Janeiro- Lomé-Paris et de n'embarquer qu'à Lomé sans avoir utilisé le premier tronçon. Les termes du contrat de transport imposent souvent d'utiliser les billets dans l'ordre.

Si vous vous passez du premier tronçon pour n'embarquer qu'à l'escale, vous pourriez être refusé à l'embarquement pour ne pas avoir délibérément pris le vol à Rio (la compagnie annulant tout le voyage au motif que vous n'avez pas embarqué au point de départ prévu).

Il se peut aussi que les conditions tarifaires prévoient des pénalités lorsque l'embarquement ne se fait pas sur le premier vol. Vérifiez les conditions générales.

Une autre situation proche est celle où le premier vol est annulé mais le second ne l'est pas. Dans ce cas, vous êtes tout à fait autorisé à embarquer à l'escale.

En cas de refus d'embarquement, vous êtes protégé.

CHAPITRE 10 : Vous êtes déclassé ou surclassé - Règlement EU n°261/2004

Déclassement et surclassement, de quoi parle-t-on ?

Pas de supplément en cas de surclassement

Le surclassement est finalement une surprise agréable. Je me souviens l'avoir expérimenté entre Paris et Buenos Aires : à moi un repas de prince dans de vraies assiettes, le champagne et un siège que j'aurais aimé installer dans mon salon !

Vous avez réservé un billet en classe économique et vous voilà expédié en classe Affaires … De quoi vous plaignez-vous ? De rien, cher monsieur…car le Règlement EU n°261/2004 précise bien qu'aucun supplément ne peut vous être demandé.

Remboursement en cas de déclassement

Tout change lorsque c'est l'inverse : vous avez réservé un vol en classe Affaires et la compagnie aérienne vous place dans une classe inférieure

Je ne parlerai pas du service différent ou de l'espace aux jambes réduit à une peau de chagrin, mais de ce que prévoit le Règlement EU n°261/2004. C'est probablement plus positif que de se retrouver le nez collé au dossier du passager de la file antérieure alors qu'on rêvait d'un siège au confort douillet.

La réglementation europénne prévoit un remboursement suivant les modalités suivantes :

- Vols de 1500 km ou moins : remboursement forfaitaire de 30 % du prix du billet acheté
- Vols au sein de l'Union Européenne de plus de 1 500 km (sauf vol entre le territoire européen des Etats membres de l'UE et les départements et régions d'Outre-mer) et autres vols de 1 500 km à 3 500 km : remboursement de 50 % du prix du billet acquis
- Tous les autres vols : remboursement à hauteur de 75 % du prix du billet.

Le prix du billet

Quel est le prix du billet ? La question peut paraître stupide. Elle est loin de l'être notamment en cas d'achat de plusieurs vols, que ce soit un vol aller-retour ou un vol avec escales.

Seul le prix du vol sur lequel il y a eu déclassement doit être partiellement remboursé. Cela veut dire que si le prix de ce vol spécifique n'est pas indiqué, le prix affecté à ce trajet en calculant selon la formule suivante :

$$Prix\ du\ vol\ déclassé = \frac{Prix\ total\ du\ voyage \times Distance\ du\ vol\ déclassé}{Distance\ totale\ du\ voyage}$$

Pour déterminer le prix du billet, il n'est pas tenu compte des taxes, redevances ainsi que des frais qui ne varient pas selon la classe de voyage.

Remboursement sous 7 jours

Le remboursement par la compagnie aérienne doit être réalisé dans les 7 jours. Sauf accord de votre part, il ne peut pas être payé en avoirs.

CHAPITRE 11 : La méthode pour rédiger votre réclamation

Déposez vous-même une demande d'indemnisation requiert trois ingrédients :

- Un peu de temps ;
- De la méthode ;
- Beaucoup de curiosité.

Je me souviens qu'à la Faculté de Droit, un professeur de Théorie Générale des Obligations ne cessait de répéter : « *La plus belle fille du monde ne peut donner que ce qu'elle a* ». Ce proverbe repris par Alexandre Dumas dans les Trois Mousquetaires est plus que jamais d'application ici.

Vous n'obtiendrez une indemnisation que si les conditions légales sont remplies. Cela signifie l'incident de voyage doit non seulement exister, mais surtout être de nature à être indemnisé.

Je prends un exemple : lorsqu'une compagnie aérienne vous avertit de l'annulation de vol un mois avant le départ, il y a bien annulation, mais le Règlement EU n°261/2004 ne prévoit aucune compensation financière forfaitaire. La réclamer n'a dès lors aucun sens. Vous perdrez temps et énergie !

Par contre, ne vous laissez pas leurrer par les belles paroles du transporteur sur de soi-disant « circonstances extraordinaires » ! La règle d'or consiste à anticiper : récoltez le maximum de preuves sur les circonstances de l'annulation, du retard ou du refus à l'embarquement.

Étape 1 : Rassemblez les informations

Les informations relatives au vol

Avant de déposer une réclamation, assurez-vous de disposer de toutes les informations :

- Identité complète des voyageurs payants
- Compagnie aérienne sur laquelle le billet a été réservé
- Compagnie aérienne assurant effectivement le vol
- Numéro de vol impacté
- Numéro de vol de réacheminement
- Date et heure du vol réservé, ainsi que du vol de remplacement
- Itinéraire du vol
- Distance du vol : voir votre BOITE À OUTILS
- Confirmation de réservation
- Documents de voyage (carte d'embarquement…)

Rassemblez les preuves de l'incident de voyage

C'est à ce stade que vous devez être actif et imaginatif. En effet, il ne suffit pas d'affirmer que votre vol a été annulé, retardé ou que vous avez été refusé à l'embarquement.

Cela implique de bien réagir à l'aéroport si l'incident survient quand vous êtes sur place. Récoltez des attestations de la compagnie aérienne ou des services aéroportuaires ! N'oubliez pas de prendre des photographies et de noter les coordonnées d'autres voyageurs ! Gardez une trace de l'activité des autres compagnies ! Si vous le pouvez, notez le nom des agents avec lesquels vous avez discuté à l'aéroport ou au téléphone…

Vous devez établir la réalité de cet incident de voyage et couper l'herbe sous les pieds de la compagnie aérienne qui tentera de se justifier pour éviter de vous indemniser.

Pour votre facilité, j'ai classé ces perturbations par type, au risque de me répéter.

Annulation de vol en ce compris vol avancé de plus d'une heure

Souvenez de mon tuyau partagé avec vous. Je sais…. J'insiste…Lorsque vous êtes prévenu de l'annulation par la compagnie aérienne, moins de 14 jours avant le vol, soufflez ! Téléphoner au Service clients de la compagnie ou de la plateforme de vente ne sert à rien.

Allez sur internet à la recherche d'une information : y-a-t-il un autre vol (de la même compagnie ou non) disponible ? Vous pouvez par exemple utiliser Google Flights.

Consultez les vols alternatifs à votre disposition et gardez des preuves ! Malgré les circonstances extraordinaires de l'annulation, vous pouvez être indemnisé s'il existait une solution de réacheminement plus raisonnable que celle offerte par le transporteur !

Relisez le chapitre 7 « Si votre vol est annulé » en piqûre de rappel et surtout les tableaux qui déterminent votre droit à une indemnisation même si vous avez été informé.

Moment de la notification de l'annulation	Vol de réacheminement / remplacement	Indemnisation
Moins de 7 jours avant le départ prévu	PAS DE RÉACHEMINEMENT ou Départ plus d'1 heure <u>avant</u> l'heure de départ prévue ET arrivée à destination plus de 2 heures <u>après</u> l'heure prévue d'arrivée	OUI
Entre 7 et 14 jours avant le départ prévu	PAS DE RÉACHEMINEMENT ou Départ plus de 2 heures <u>avant</u> l'heure de départ prévue ET arrivée à destination plus de 4 heures <u>après</u> l'heure prévue d'arrivée	OUI
Moins de 14 jours avant le départ prévu	PAS DE RÉACHEMINEMENT	OUI
Plus de 14 jours avant le départ		NON

Moment de la notification l'avancement du départ DE PLUS d'1 h	Indemnisation même si arrivée à l'heure
Moins de 7 jours avant le départ prévu	OUI
Entre 7 et 14 jours avant le départ prévu	OUI
Moins de 14 jours avant le départ prévu	OUI
Plus de 14 jours avant le départ	NON

ANNULATION SAUF CIRCONSTANCES EXTRAORDINAIRES					
	Pas de réacheminement	Retard <2h	Retard >2 h et <3h	Retard>3h et < 4 h	Retard > 4h
Vols <=1500km	250€	125€	250€	250€	250€
Vols UE + 1500 km & autres vols entre 1500 et 3500 km	400€	200€	200€	400€	400€
Autres vols	600€	300€	300€	300€	600€

HEURE DE DÉPART AVANCEE DE PLUS D'UNE HEURE		
Vols <=1500km	250€	
Vols UE + 1500 km & autres vols entre 1500 et 3500 km	400€	**MÊME SI AUCUN RETARD À DESTINATION**
Autres vols	600€	

En combinant les différents tableaux, vous voyez si votre situation vous donne droit à une indemnisation forfaitaire et à combien elle s'élève PAR PERSONNE.

Cela vous permet aussi de rassembler les documents nécessaires et notamment :

- Courriels ou communications de la compagnie aérienne
- Preuve de vols alternatifs disponibles
- Attestations de voyageurs ou des services aéroportuaires
- Photographies des panneaux de l'aéroport
- Numéro de l'éventuel vol de remplacement
- Heures de départ et d'arrivée du vol de remplacement
- Articles de presse concernant l'incident
- Données météorologiques éventuelles
- Données relatives au vol annulé collectées sur des sites spécialisés : voir votre BOITE À OUTILS
- Éléments attestant que d'autres compagnies opéraient ou proposaient des solutions.

Retard de vol

Avant toute chose, relisez le CHAPITRE 8 : « Si votre vol est retardé ». C'est bon pour vous ? Il va de soi qu'en principe un retard n'est pas connu à l'avance. C'est un évènement qui surgit à l'aéroport. Raison de plus pour ouvrir l'œil.

	Choix entre remboursement du billet et réacheminement vers la destination <u>finale</u>	Remboursement du billet et vol retour vers le point de départ <u>initial</u>	Prise en charge
Retard	NON	OUI SI RETARD DE 5 H AU MOINS	OUI

RETARD SAUF CIRCONSTANCES EXTRAORDINAIRES			
	Retard <3h	Retard >3h et < 4h	Retard > 4h
Vols <=1500km	PAS D'INDEMNISATION	250€	250€
Vols UE + 1500 km & autres vols entre 1500 et 3500 km	PAS D'INDEMNISATION	400€	400€
Autres vols	PAS D'INDEMNISATION	300€	600€

Essayez d'obtenir un écrit qui indique le motif du retard et réunissez notamment :

- Courriels ou communications de la compagnie aérienne
- Attestations de voyageurs ou des services aéroportuaires
- Photographies des panneaux de l'aéroport
- Heures de départ et d'arrivée du vol retardé
- Articles de presse concernant l'incident
- Données météorologiques éventuelles
- Données relatives au vol retardé collectées sur des sites spécialisés : voir votre BOITE À OUTILS.

Refus à l'embarquement

Nous voilà à appliquer ce que nous avons lu dans le CHAPITRE 9 : « Vous êtes victime de refus d'embarquement ». Ici, pas question de fourrer votre nez dans des articles de presse et dans des statistiques.

Ce qui est essentiel est de réunir ce qui suit :

- Preuve d'arrivée à temps à l'aéroport ET à l'enregistrement
- Documents de la compagnie aérienne

Étape 2 : Calculer la distance du vol

Pour obtenir la compensation financière du Règlement EU n°261/2004 ou de la Réglementation UK261, il est important de connaître la distance du vol.

La question paraît simple et pourtant vous allez être surpris par la jurisprudence. Laissez-moi vous raconter les péripéties de ces voyageurs allant de Rome à Hambourg via Bruxelles. Ils avaient effectué un voyage de 1656 km, soit 1.173 km de Rome à Bruxelles et 483 km de Bruxelles et Hambourg. Ils pensaient donc réclamer une indemnité pour vol de plus de 1500 km.

La Cour de Justice de l'Union européenne a douché leurs espoirs en tranchant que même pour un vol avec correspondance, l'indemnisation devait se calculer en fonction de la distance orthodromique, c'est-à-dire à vol d'oiseau entre l'aéroport de départ et l'aéroport de destination. Soit 1326 km entre Rome et Hambourg, donc moins de 1500 km.

Découvrez des outils simples pour calculer la distance à vol d'oiseau entre 2 aéroports dans « VOTRE BOITE À OUTILS ». Quand vous les utilisez, veillez bien à calculer la distance entre les aéroports, pas entre les villes.

Souvent cela n'a pas d'incidence, mais cela arrive surtout avec la multiplication d'aéroports avec des dénominations prêtant à confusion :

- ✓ L'aéroport Paris-Beauvais n'est pas à Paris mais à 83 km de Paris

✓ Brussels South Charleroi Airport n'est pas à Bruxelles, mais à 60 km de Bruxelles

Étape 3 : Déterminer le retard

Rappelons que le retard au départ n'est pas déterminant. Ce qui importe, c'est l'heure d'arrivée à destination du vol prévu ou du vol de remplacement. Soyez vigilant : il faut prendre en compte non l'heure d'atterrissage à destination, mais l'heure d'ouverture de la première porte. Et cela fait quelle différence ? Tout simplement imaginez votre avion sur le tarmac de l'aéroport et vous êtes bloqué à bord plusieurs heures ! Il serait injuste de considérer que l'arrivée est le moment de l'atterrissage.

Étape 4 : Calculer la compensation financière forfaitaire

Vous me mettrez un peu de math… Pour calculer l'indemnisation forfaitaire à réclamer, appliquez la formule suivante :

Indemnisation

= Nombre de personnes payantes

X Indemnité en function du kilométrage

X éventuelle réduction de 50% suivant retard à l'arrivée

ANNULATION SAUF CIRCONSTANCES EXTRAORDINAIRES					
	Pas de réacheminement	Retard <2h	Retard >2 h et <3h	Retard>3h et < 4 h	Retard > 4h
Vols <=1500km	250€	125€	250€	250€	250€
Vols UE + 1500 km & autres vols entre 1500 et 3500 km	400€	200€	200€	400€	400€
Autres vols	600€	300€	300€	300€	600€

HEURE DE DÉPART AVANCEE DE PLUS D'UNE HEURE		
Vols <=1500km	250€	
Vols UE + 1500 km & autres vols entre 1500 et 3500 km	400€	MÊME SI AUCUN RETARD À DESTINATION
Autres vols	600€	

RETARD SAUF CIRCONSTANCES EXTRAORDINAIRES			
	Retard <3h	Retard >3h et < 4h	Retard > 4h
Vols <=1500km	PAS D'INDEMNISATION	250€	250€
Vols UE + 1500 km & autres vols entre 1500 et 3500 km	PAS D'INDEMNISATION	400€	400€
Autres vols	PAS D'INDEMNISATION	300€	600€

	Vols <=1500 km		Vols UE >1500 km & autres vols de 1500 à 3500km		Autres vols	
Refus à l'embarquement	250€		400€		600€	
Si vol de réacheminement ET RETARD à destination	< 2h	> 2h	<3h	> 3h	< 4h	>4h
	125€	250€	200€	400€	300€	600€

Étape 5 : Évaluer le dommage additionnel

Si l'annulation, le retard ou le refus d'embarquement vous cause un préjudice, demandez à ce qu'il soit indemnisé en plus de la compensation forfaitaire du Règlement EU n°261/2004 ou de la Réglementation UK261.

Un exemple : l'indemnisation pour perte de salaire.

En 2019, la Cour de Justice de l'Union européenne s'est prononcée dans un litige où des passagers avaient appris à l'aéroport qu'ils ne pourraient embarquer, en raison d'un surbooking. Ce n'est que 4 jours plus tard qu'ils avaient été réacheminés sur un autre vol de la même compagnie aérienne. Ils n'avaient pu reprendre à temps leurs activités professionnelles.

Ils avaient été indemnisés de 400€ chacun dans le cadre de la compensation financière et avaient refusé l'offrande de la compagnie, à savoir un billet d'avion gratuit en sus. Ils s'étaient pourvus en justice et le tribunal avait posé à la Cour de Justice de l'Union Européenne la question suivante : est-il possible d'indemniser la perte de salaire ?

Oui ! La Cour de justice de l'Union européenne répond affirmativement ! Elle a même précisé que l'indemnisation forfaitaire n'est pas prévue pour un préjudice comme une perte de salaire. Celle-ci est un préjudice matériel qui peut faire l'objet d'une indemnisation complémentaire prévue par l'article 12, §1 du Règlement EU n° 261/2004.

Ce sont les passagers qui doivent apporter la preuve de du préjudice subi. Dans le cas d'espèce en produisant des fiches de paie prouvant une retenue de salaire pour absence injustifiée !

Insistez tout particulièrement si vous n'avez pas obtenu la prise en charge ou assistance que vous deviez obligatoirement recevoir. Rassemblez les preuves qui correspondent aux frais que vous avez exposés et notamment :

- Hébergement

- Repas et boissons
- Transport vers l'hébergement
- Transport nécessaire pour arriver à destination
- Vol retour

N'oubliez pas que si votre vol aller est annulé, la compagnie aérienne sera tentée de ne vous rembourser que ce seul vol. Réclamez le prix du vol retour devenu inutilisable.

Étape 6 : Intégrez le remboursement du billet si nécessaire et du réacheminement

Nous avons vu que, dans le cadre de l'"assistance, le voyageur a le choix entre remboursement du billet et réacheminement vers la destination finale en cas de refus à l'embarquement, d'annulation, mais PAS EN CAS DE RETARD. Tenez-en compte.

Si on est dans le cadre exclusif d'une retard, il est possible de réclamer : remboursement du billet et vol retour vers le point de départ initial.

	Choix entre remboursement du billet et réacheminement vers la destination finale	Remboursement du billet et vol retour vers le point de départ initial	Prise en charge
Annulation	OUI	NON	OUI
Refus à l'embarquement	OUI	NON	OUI
Retard	NON	OUI SI RETARD DE 5 H AU MOINS	OUI

Une précision : le remboursement du billet inclut la différence entre le montant payé par ce voyageur et celui reçu par ce transporteur aérien, laquelle correspond à une commission perçue par l'intermédiaire vendeur (plateforme, agence…) sauf si la commission a été fixée sans que la compagnie aérienne le sache.

Étape 7 : Rédiger la lettre de réclamation avec ses annexes

Je vous conseille vivement de rédiger une lettre de réclamation en y reprenant tous les éléments que vous avez collectés et l'indemnisation réclamée pour vous et votre famille. Annexez tous les documents que vous avez réunis, LE TOUT EN UN SEUL DOCUMENT SOUS FORMAT PDF si vous l'envoyez par voie digitale.

Vous allez me dire que les sites internet permettent de déposer une réclamation en ligne. Vous avez tout à fait raison. Vous trouverez d'ailleurs le lien vers les formulaires de réclamation de la plupart des compagnies aériennes dans « VOTRE BOITE À OUTILS ».

Pourquoi un seul PDF ? Tout simplement parce que de nombreux formulaires en ligne ne permettent d'annexer qu'un seul fichier…. De plus, cela vous facilitera la vie si vous devez aller en justice.

> *MON CONSEIL : envoyez votre lettre de réclamation par courrier recommandé avec accusé de réception !*

À qui et dans quelle langue ?

Cette question est loin d'être anodine. Nous verrons en détail la question de la compagnie à qui l'adresser. En substance, il s'agit de celle ayant opéré le vol. Mais n'anticipons pas !

Dans quel pays ? Puis-je écrire au siège de la compagnie dans mon pays ou dois-je écrire au siège social officiel de la compagnie ?

Commencez par une réclamation à l'adresse de la compagnie dans votre pays. Si vous n'avez pas de réponse favorable, adressez la réclamation au siège social à l'étranger.

Si vous n'utilisez pas le formulaire en ligne de la compagnie, se pose la question de la langue de la réclamation.

Dans quelle langue ? Imaginez un vol Madrid-Lisbonne avec TuiFly. Le siège français de Tui Fly ne répond pas à votre réclamation en français ? Vous écrivez au siège social de TuiFly en Belgique. Un rapide coup d'œil sur les conditions de transport montre que vous devez réclamer en français, néerlandais ou anglais….

Jusqu'où aller ? Restons raisonnable : écrivez dans la langue de votre domicile. Vous habitez en France, employez la langue de Molière ! Je vous conseille de compléter votre lettre par un traduction en anglais le plus souvent.

N'oubliez pas de consulter notre modèle de lettre type dans **«** Votre boîte à outils **»**.

CHAPITRE 12 : Envoyer votre réclamation

Nous l'avons évoqué, vous avez plusieurs possibilités pour déposer une réclamation. Vous pouvez le faire vous-même ou à travers une entreprise spécialisée. Si vous choisissez cette dernière option, je vous conseille de leur fournir tous les éléments que vous avez réunis.

Une société spécialisée ?

Ces sociétés spécialisées peuvent vous aider car la plupart maîtrisent la réglementation. Toutes travaillent plus ou moins de la même manière : vous remplissez un formulaire sur leur site internet et elles gèrent votre réclamation en l'évaluant et la transmettant au transporteur.

Le principe est que vous ne payez que si vous êtes indemnisé, mais la société retient entre 25 et 35 % de l'indemnisation.

Certaines majorent de frais de fonctionnement ou en cas de recours en justice en votre nom. Toutes ne se valent pas. Faites votre marché…Ne choisissez pas au hasard. Parcourez les avis sur Facebook et sur les forums. Certains sont édifiants !

Déposer vous-même la réclamation

Si vous lisez cet ouvrage, c'est parce que vous envisagez de vous défendre en suivant mes conseils et ceux que vous avez glanés ci et là.

Plusieurs voies s'offrent à vous pour transmettre votre lettre de réclamation et ses justificatifs :

- Lettre recommandée avec accusé de réception ;
- Courrier électronique au service clients de la compagnie aérienne ;
- Formulaire de réclamation du site internet de la compagnie ;
- À l'aéroport en notant si possible le nom des agents ;
- À la plateforme de vente pour le remboursement du billet.

J'ai repris dans « Votre boîte à outils » les liens des formulaires de plainte de la plupart des compagnies aériennes européennes. Certains sont en français, d'autres en anglais. Si vous arrivez sur un formulaire en anglais, n'hésitez pas à utiliser le traducteur automatique de votre navigateur par exemple.

Quoiqu'il en soit, regardez toujours ce que dit le site internet de la compagnie aérienne.

PAR RECOMMANDÉ AVEC ACCUSÉ DE RÉCEPTION

Je vous conseille vivement d'envoyer la réclamation par courrier recommandé avec accusé de réception.

Pourquoi ? Tout simplement parce que si vous allez en justice, vous aurez dans votre dossier un élément plus fort qu'une réclamation électronique.

Je résume : une lettre recommandée avec accusé de réception. Rien d'autre !

S'adresser d'abord à la plateforme de vente du billet ou au tour operator, en cas de voyage à forfait) pour le remboursement du billet

Comme beaucoup, vous avez peut-être acheté votre billet d'avion sur une plateforme de réservation ou un comparateur de vols et non pas directement à la compagnie aérienne.

Dans ce cas, adressez-votre réclamation à cette plateforme pour obtenir remboursement du billet.

Si vous avez acheté un pack Hébergement + Vol à un tour operator, c'est à lui que vous adresserez la demande de remboursement du billet.

Réclamez la compensation financière forfaitaire à la compagnie aérienne

Pour réclamer une compensation financière forfaitaire sur base du Règlement EU n°261/2004 ou de la Réglementation UK261, passez par la compagnie aérienne.

À quelle compagnie adresser votre réclamation ?

Très bonne question ! Vous pourriez penser que vous devez réclamer auprès de la compagnie indiquée sur votre réservation. Pas nécessairement ! Le Règlement EU n°261/2004 et la Réglementation UK261 vous disent de réclamer auprès du transporteur effectif ! Et non pas auprès du transporteur contractuel !

Vous achetez à RYANAIR, transporteur contractuel, mais c'est AIR MALTA qui assure le vol et est donc le transporteur effectif.

Adressez-vous à la compagnie aérienne qui a opéré le vol, pas celle auprès de laquelle vous avez réservé. En principe…. Voyons maintenant 2 exceptions.

Première exception : achat d'un billet unique comportant plusieurs tronçons de vol

La situation est la suivante : Vous achetez un billet à Air France pour deux tronçons : Paris-Detroit et Detroit-Denver. Le premier vol est acheté et opéré par Air France, mais le Detroit-Denver est opéré par la compagnie américaine DELTA.

Cette situation est un partage de codes. Le transporteur contractuel (à qui vous achetez le billet) ou effectif (celui qui devait opérer le vol) confie la réalisation du second trajet à une compagnie non-européenne au départ d'un pays non-européen.

Revenons à notre exemple. Puis-je réclamer à Air France en cas de retard ou annulation du second vol ? Oui, dit la CJUE, car le vol constitue une unité et le second transporteur non-européen a agi au nom du premier.

Si toutes les compagnies sont européennes, choisissez celle de votre choix…

Deuxième exception (en sens inverse) : avion loué avec équipage au transporteur effectif

Je vous l'avais expliqué en préambule, c'est la Cour de Justice qui tire les ficelles. Parfois, je la comprends et à d'autres occasions, je n'adhère pas à son point de vue.

Je referme la parenthèse pour vous expliquer la situation soumise à la Cour de Justice. Laissez-moi vous emmener à Cancún au Mexique. Des passagers porteurs de billet TUIFly Hambourg-Cancún étaient arrivés avec un retard important. Le vol avait été effectué par une autre compagnie : Thomson Airways. Suivant ce que nous avons vu ensemble, c'est à Thomson Airways qu'ils auraient dû réclamer puisque le vol a été opéré par cette compagnie. Oui, mais… Il s'avère que TUIFly louait à Thomson Airways à la fois l'avion et son équipage. On appelle ça un contrat de location "wet lease".

De manière surprenante, la Cour de Justice de l'Union européenne considère que la notion de "transporteur aérien effectif" ne couvre pas le transporteur aérien qui donne en location l'appareil et l'équipage dans le cadre d'un contrat de location d'avion avec équipage ("wet lease"), mais n'assume pas la responsabilité opérationnelle des vols. Traduction… Puisqu'en réalité la fixation de l'itinéraire et la réalisation du vol ont été décidées par TUIFly, c'est à TUIFly qu'il faut réclamer.

Je comprends cette décision tout en la trouvant surprenante. En effet, la Cour persiste sur l'idée que c'est la compagnie qui organise réellement le voyage et affecte horaire et itinéraire qui est responsable. Là où je m'étonne, c'est quand on demande un sacré boulot aux voyageurs qui ne sont pas au fait du contrat intervenu entre les deux compagnies.

Cela étant, il convient de prendre acte.

Après l'envoi de la réclamation

Tout commence une fois votre réclamation adressée à la compagnie.

Les réseaux sociaux

En parallèle avec le contact direct, certains expriment leur situation sur les médias sociaux en identifiant la compagnie aérienne. Certaines compagnies réagissent rapidement aux problèmes signalés publiquement.

Ce n'est pas ma méthode préférée, mais des voyageurs l'ont utilisée avec un certain succès.

Gardez une trace de toutes les communications avec la compagnie

Gardez une trace de toutes les communications avec la compagnie aérienne. Conservez les courriels, les numéros de référence, les captures d'écran de conversations sur les médias sociaux, et tout autre document pertinent.

En cas de communication téléphonique, confirmez son contenu par courriel.

Cela sera utile si vous n'obtenez pas de cause et devez aller en justice.

CHAPITRE 13 : Les voies d'action en cas de refus de la compagnie

Plusieurs voies s'ouvrent à vous si la compagnie aérienne se fait tirer l'oreille :

- Recours amiable en vous adressant au Centre Européen des consommateurs ou en utilisant d'autres modes amiables
- S'adresser à l'Organisme National de contrôle : DGAC ….
- Agir en justice

Recours amiable

Le Centre européen des consommateurs

Chaque pays membre de l'Union européenne dispose d'un Centre européen des consommateurs. En cas de litige avec un professionnel ou pour toute question sur vos droits en Europe, le centre de votre pays de résidence peut vous aider.

Accessible en ligne, il vous permet de remplir un formulaire de plainte :

https://eccwebforms.eu/fr/france/complaint

Le service est gratuit et tout se fait en ligne. L'objectif est de tenter de trouver une solution amiable. Faut-il essayer ? Mon avis est que cela vaut la peine de perdre un peu de temps si vous pouvez éviter une procédure judiciaire.

Leur service de conseil est très intéressant, notamment lorsque le recours judiciaire doit s'exercer à l'étranger.

Autres modes amiables

Rien ne vous empêche de passer par une association de consommateurs par exemple pour tenter de trouver un accord amiable.

 Une autre option pour la France est de faire intervenir le Médiateur Tourisme Voyage (MTV), toujours en vue d'une solution amiable. Cela à condition que la compagnie aérienne adhère à cet organisme de médiation. Air France, Corsair, Ryanair en font partie par exemple.

Voici une liste non exhaustive d'organismes de médiation amiable pour les voyageurs aériens par pays :

- France : Médiateur Tourisme et Voyage
  https://www.mtv.travel/saisir-le-mediateur/.
- Belgique : Service de médiation pour le consommateur
  https://mediationconsommateur.be/fr
- Suisse : Ombudsman de la branche suisse du voyage
  https://www.ombudsman-touristik.ch/fr/
- Luxembourg : Médiateur de la Consommation
  https://www.mediateurconsommation.lu/fr
- Espagne : Ministerio de Transportes
  https://www.seguridadaerea.gob.es/en/ambitos/derechos-de-los-pasajeros/procedimiento-para-reclamar/procedimiento-para-reclamar-ante-aesa-reg.261-2004

- Allemagne : Schlichtungsstelle für den öffentlichen Personenverkehr (Office de conciliation pour le transport public de voyageurs)
  https://soep-online.de/
- Suède : National Board for Consumer Disputes (Conseil national du contentieux de la consommation)
  https://www.arn.se/
- Pays-Bas : Consumentenbond. (Association des consommateurs) :
  https://www.consumentenbond.nl/
- Canada : Canadian Transportation Agency (CTA) :
  https://rppa-appr.ca/fra/splashify-splash
- Royaume-Uni : Civil Aviation Authority (CAA) :
  https://www.caa.co.uk/passengers/resolving-travel-problems/how-the-caa-can-help/how-the-caa-can-help/
- États-Unis : Department of Transportation (DOT) Aviation Consumer Protection Division
  https://www.transportation.gov/airconsumer

Lors de la recherche d'organismes de médiation, assurez-vous de consulter des sources officielles et fiables pour des informations précises et à jour. Les sites web des gouvernements, des autorités de l'aviation civile et des organisations de protection des consommateurs sont d'excellentes ressources pour trouver des informations sur les services de médiation pour les voyageurs aériens.

Saisir l'Organisme National de Contrôle : DGAC...

Chaque état membre a désigné un organisme chargé de l'application du Règlement européen n° 261/2004. Ces organismes disposent d'un pouvoir sanctionnateur à l'égard des compagnies violant les droits des passagers. Malheureusement, ils ne peuvent forcer une compagnie aérienne à indemniser un voyageur.

Il reste intéressant de les saisir par voie électronique, en restant conscient que leur intervention est d'une part limitée et d'autre part fort lente. Envoyez votre réclamation à la compagnie et sans réponse dans les 2 mois, signalez le litige à la DGAC par exemple.

Voici leurs coordonnées pour les pays francophones visés par ce guide

- **France**

  Direction générale de l'aviation civile (DGAC)
  Direction du transport aérien
  Mission du Droit des passagers
  Bureau des passagers aériens
  50 rue Henry Farman
  FR- 75720 PARIS Cedex 15
  Tel : +33 1 58 09 43 21
  www.ecologie.gouv.fr/politiques/passagers-aeriens
  Formulaire de plainte :
  https://droits-passagers-
  aeriens.aviationcivile.gouv.fr/public/signalement?newsignalement
  =true

- **Belgique**
  SPF Mobilité & Transport
  Direction générale Transport aérien
  Cellule Stratégique - Droits des passagers
  City Atrium (6èmeétage - locker PAX)
  Rue du Progrès 56
  BE - 1210 Bruxelles
  Tél: + 32 2 277 44 00
  E-mail: passenger.rights@mobilit.fgov.be
  https://www.mobilit.fgov.be/applications/Internet/EasyWebForms.
  nsf/PassengerRights_FR.xsp

- **Suisse**
  Federal Office of Civil Aviation FOCA
  Passenger rights
  CH - 3003 Berne
  Tél.: +41 58 465 95 96
  E-mail : passengerrights@bazl.admin.ch
  https://www.bazl.admin.ch/pax-formulaire-online

- **Luxembourg**

Ministère de la Protection des consommateurs
271, route d'Arlon
L-1150 Luxembourg
Luxembourg
Adresse postale :
B.P 119 L-2011 Luxembourg
Tel. : +352 247-73700
E-mail : passagers@mpc.etat.lu
https://guichet.public.lu/fr/support/form_both.html?serviceType=ECO_PA_PASSENGER_COMPLAINT&lang=FR

Pour les autres pays, vous pouvez consulter la liste des organismes désignés ici :

https://transport.ec.europa.eu/system/files/2023-09/2004_261_national_enforcement_bodies-2023-09-20.pdf

En cas de souci avec le lien précédent :

https://transport.ec.europa.eu/transport-themes/passenger-rights/national-enforcement-bodies-neb_en

Agir en justice

Lorsque les recours amiables ne donnent rien, vous pouvez soumettre le litige aux tribunaux.

Quelle compagnie assigner ?

Vous devez intenter votre recours en justice contre la compagnie aérienne qui a assuré le vol. Cela même si vous avez acheté le billet à un autre transporteur aérien.

Que vous ayez acheté le billet en direct ou via une agence ou plateforme internet, cela ne change rien.

Relisez ceci : « À quelle compagnie adresser votre réclamation ? » si vous avez perdu le fil.

Devant quel tribunal ?

Faites une pause. Allez-vous rafraîchir ou vous faire couler un expresso. La question du tribunal compétent n'est pas simple.

Compétence territoriale

La première étape est de trouver la juridiction territorialement compétente.

Vous devez saisir au choix :

- Le tribunal du siège social de la compagnie aérienne ;
- Le tribunal du lieu de départ ;
- Le tribunal du lieu d'arrivée de l'avion.

S'il y a escale, il n'est pas possible de choisir le tribunal de l'escale !

De plus, les passagers victimes d'annulation, retard ou refus à l'embarquement ne peuvent pas saisir le tribunal le plus proche de leur domicile.

Un piège à éviter avec les compagnies aériennes étrangères ayant un « établissement principal » en France :

Vous avez envoyé votre réclamation à une compagnie étrangère ayant un siège en France par exemple. Ce siège est-il le siège SOCIAL de la compagnie ? Non !

C'est que le Règlement européen 1215/2012 du Parlement européen et du Conseil du 12 décembre 2012 prévoit que le tribunal à saisir est celui du siège social, qui est à l'étranger !

Le tribunal du lieu de départ ou d'arrivée : pas facile !

On regarde la localisation de l'aéroport. C'est ainsi que pour Paris - CDG, il s'agit du Tribunal de Proximité d'Aulnay sous-Bois alors que pour Orly, c'est celui d'Ivry sur Seine.

Pour l'aéroport de Marseille : c'est le Tribunal de proximité de Martigues alors que pour Lyon Saint Exupéry, c'est Villeurbanne.

En ce qui concerne l'aéroport de Bruxelles National, le juge compétent en raison de ce lieu est le Juge de Paix de Zaventem (avec la mauvaise nouvelle que la procédure s'y fait en néerlandais).

Dans le cadre de ce guide, il est impossible de recenser le tribunal compétent pour chaque aéroport. Pour vous aider, voici les liens vers les sites officiels permettant de trouver la juridiction compétente dans les pays suivants :

- France : https://www.justice.fr/recherche/annuaires
- Belgique : https://justice.belgium.be/fr/trouver_un_tribunal_ou_parquet
- Suisse : https://tribunauxcivils.ch/
- Luxembourg : https://justice.public.lu/fr/organisation-justice/juridictions-judiciaires/tribunaux-arrondissement.html
- Espagne - https://www.mjusticia.gob.es/BUSCADIR/ServletControlado r?apartado=buscadorGeneral&lang=es_es
- Allemagne : https://justiz.de/index.php
- Pays-Bas : https://www.rechtspraak.nl/English
- Royaume-Uni : https://www.gov.uk/find-court-tribunal

Pour trouver les informations n'nécessaires, vous pouvez passer par :

- Recherche en ligne :
  Utilisez un moteur de recherche en ligne avec des termes tels que "tribunaux en [nom du pays de l'UE]" ou "autorités judiciaires en [nom du pays de l'UE]". Cela devrait vous diriger vers le site officiel du gouvernement ou du ministère de la justice.
- Portails juridiques européens :
- Certains portails européens, tels que le portail e-Justice de l'Union européenne, fournissent également des informations sur la compétence juridictionnelle dans les pays membres de l'UE.
- Ambassades et consulats : Les ambassades et les consulats peuvent également fournir des informations sur le système judiciaire du pays dans lequel ils sont situés.

- Les Centres européens des consommateurs
  https://commission.europa.eu/live-work-travel-eu/consumer-rights-and-complaints/resolve-your-consumer-complaint/european-consumer-centres-network-ecc-net_fr

En effectuant ces recherches, vous devriez pouvoir trouver des informations spécifiques à chaque pays de l'Union européenne. N'hésitez pas à explorer les sections dédiées à la justice, aux tribunaux et à la compétence juridictionnelle sur les sites officiels des gouvernements nationaux.

Compétence matérielle

Trouver le lieu du tribunal compétent n'est rien si vous ignorez le tribunal qui connaît des litiges relatifs à l'indemnisation des voyageurs aériens. C'est souvent le montant du litige qui donne la réponse.

En France, le tribunal de proximité est compétent lorsque le montant des demandes est inférieur ou égal à 10 000€. Au-delà, vous passerez par le tribunal judiciaire. En Belgique, c'est le juge de paix pour les demandes inférieures à 5000€et au-delà c'est le tribunal de première instance.

Pour vous aider, voici un guide européen

https://e-justice.europa.eu/350/FR/brussels_i_regulation_recast#:~:text=Le%20r%C3%A8glement%201215%2F2012%20vise,en%20mati%C3%A8re%20civile%20et%20commerciale.

À nouveau, je vous conseille de vous adresser aux centres européens des consommateurs, ambassades ou consulats en cas de doute.

CHAPITRE 14 : La procédure européenne de règlement des petits litiges (moins de 5000€)

Si votre litige vous oppose à une compagnie aérienne située à l'étranger et ne dépasse pas 5000 €, vous pouvez utiliser la procédure européenne de règlement des petits litiges.

Voici le lien pour la découvrir :

https://e-justice.europa.eu/42/FR/small_claims?init=true.

Vous y trouverez des formulaires types dans toutes les langues de l'UE.

Vous vivez en France, mais le vol incriminé partait et atterrissait hors de l'Hexagone. De plus, le siège social n'est pas en France mais dans un autre pays de l'Union Européenne. Vous devrez agir dans tous les cas à l'étranger en saisissant le tribunal de l'aéroport de départ ou d'arrivée, ou encore le siège social de la compagnie aérienne.

Si vous résidez dans un pays de l'Union Européenne différent de celui du siège social de la compagnie aérienne, mais l'aéroport de départ ou d'arrivée était en France, vous pouvez alors utiliser la « procédure européenne de règlement des petits litiges » en vous adressant au tribunal de proximité de l'aéroport de départ ou d'arrivée.

Le formulaire à télécharger

Pour la procédure européenne, commencez par vous rendre sur : https://e-justice.europa.eu/content_small_claims-42-fr.do

Téléchargez le formulaire A dans la langue du pays où est situé le tribunal à saisir. Pour vous aider, n'hésitez pas à télécharger le formulaire en français puisque c'est standardisé.

Le formulaire doit être rempli dans la langue du pays du tribunal à saisir. Utilisez un traducteur en ligne, c'est suffisant.

Pour rappel, si vous habitez en France, mais avez eu un retard sur un vol Lufthansa Madrid-Vienne, le tribunal à saisir sera au choix celui de Cologne, siège social de Lufthansa en Allemagne, de Madrid ou de Vienne.

Si vous choisissez la juridiction espagnole, le formulaire sera téléchargé en espagnol et rempli en espagnol.

Voici les points importants au moment de remplir le formulaire A

- À la rubrique « 3. DËFENDEUR », indiquez l'adresse du siège social, à l'étranger, de la compagnie aérienne : pas son adresse commerciale dans votre pays.
- À la rubrique 4, indiquez si le tribunal est choisi en fonction de
  - 4.1 : domicile du défendeur (la compagnie aérienne)
  - 4.8 : autre (indiquez si c'est l'aéroport de départ ou d'arrivée)
- Les renseignements bancaires incluent la mention de droits de greffe à payer. Ils vous seront réclamés par la juridiction à la réception de la demande. Le payement de ceux-ci dépend du pays. En France, c'est gratuit alors qu'en Allemagne, en fonction du montant du litige, cela varie entre 114 et 483€.
- La rubrique 7 vous permet de chiffrer la demande. Veillez à remplir la case 7.3.1 « . Réclamez-vous les frais de procédure ? OUI : Vous devez remplir le poste 7.3.3. « *condamnation de la partie adverse aux frais, dépens et notamment frais de traduction* »

- Dans la rubrique Au poste 8 « Renseignements relatifs au litige », je vous conseille de remplir le point « 8.1. Motivez votre demande avec, par exemple, les faits survenus, le lieu et le moment où ils sont survenus. » en indiquant : VOIR CONCLUSIONS ANNEXÉES ou VOIR DOCUMENT CI-JOINT et annexer un document écrit expliquant votre demande. Vous pouvez utiliser votre lettre de réclamation initiale comme base. N'oubliez pas de dresser une liste numérotée des pièces ou documents que vous joignez à cette lettre explicative.

- Le point 9 vous permet de demander une audience, même si la procédure européenne de règlement des petits litiges est en principe écrite

- La rubrique 11 est importante : cochez la case « 11.1 Certificat *Je demande que la juridiction délivre un certificat relatif à la décision »* *pour faire exécuter la décision dans un autre pays* et veillez à demander si certificat dans la langue désirée (point 11.2)

La suite de la procédure

- Réception de la demande par le tribunal

- Dans les 14 jours : la juridiction saisie transmet votre demande à la partie adverse

- Votre adversaire dispose de 30 jours pour répondre à votre demande et adresser sa réponse au tribunal

- Dans les 14 jours de la réception de la réponse de l'adversaire, celle-ci vous est notifiée par le tribunal.

- Dès réception par vos soins, vous disposez de 30 jours pour répondre aux arguments adverses. Si vous n'envoyez rien, le juge décide sur base des dossiers des deux parties.

Un peu de stratégie

Je vous conseille d'anticiper le plus possible les arguments de la compagnie aérienne et de développer au plus votre écrit de demande annexé au formulaire. La raison est simple : si après avoir reçu l'écrit de défense de la compagnie, vous y répondez dans les 30 jours, la pratique montre que le tribunal imposera une audience où votre présence est OBLIGATOIRE.

Le problème est que si la Réglementation prévoit que l'audience doit se tenir dans les 30 jours, un dépassement est possible « pour circonstances exceptionnelles ». C'est ainsi qu'une compagnie aérienne qui n'a d'argument à faire valoir peut jouer la montre en demandant le jour de l'audience un report à une date ultérieure.

Si cela arrive, opposez-vous à ce report en vous basant sur le calendrier de procédure imposé par l'article 5 du RÈGLEMENT (CE) N o 861/2007 DU PARLEMENT EUROPÉEN ET DU CONSEIL et sur base de l'article 19.

Invoquez-les pour éviter de partir dans une procédure lente régie par la procédure locale au lieu de la procédure européenne avec son agenda précis.

CHAPITRE 15 : Aller devant le juge avec les procédures nationales

Aller en justice en France

Nous venons de le voir, la procédure européenne dédiée aux petits litiges peut devenir longue si elle bascule en procédure nationale. Pour minimiser ce risque, il faut rédiger un écrit initial qui anticipe les arguments de la compagnie aérienne et y répond. C'est loin d'être difficile. En effet, n'oubliez pas que la compagnie aura dévoilé sa stratégie en répondant à votre réclamation initiale.

Chaque fois que vous avez la possibilité de passer par la justice française, n'hésitez pas, même si cela impose la tenue d'une conciliation préalable.

> *A noter : lorsqu'une juridiction est saisie dans le cadre de procédure européenne de Règlement des petits litiges, la conciliation n'est pas un préalable obligatoire, mais rien n'empêche d'y recourir.*

La conciliation

Tenter de trouver un accord entre parties, telle est la mission du conciliateur de justice. La pratique montre qu'en matière d'indemnisation du voyageur aérien, beaucoup de compagnies s'engagent à après avoir reçu une demande en conciliation. Il est courant de recevoir un document d'accord à signer avant l'audience de conciliation. Je vous conseille de répondre que cet accord peut être entériné à l'audience de conciliation à laquelle vous serez présent.

En dessous de 5000€, vous pouvez saisir directement le conciliateur de Justice :
https://www.conciliateursdefrance.fr/Conciliation2?depuis=nat

Le formulaire peut être rempli en ligne, avec un bémol important : il ne permet d'indiquer qu'un seul demandeur. Rien n'empêche d'annexer une demande de conciliation reprenant plusieurs demandeurs. C'est le cas lorsque votre réclamation est faite au nom des membres de votre famille qui voyageaient avec vous.

Le formulaire est déficient sur 2 autres points. Il vous demande d'indiquer le code postal du lieu du litige. Or ce n'est pas toujours facile pour un aéroport réparti sur plusieurs communes. De plus, le formulaire limite les possibilités de description du défendeur en cas de société étrangère.

Vous trouverez un modèle de demande en conciliation avec plusieurs demandeurs dans « VOTRE BOÎTE À OUTILS ». Vous pouvez vous en inspirer et l'annexer à votre demande.

La partie adverse dans la conciliation

Sauf si vous utilisez la conciliation dans le cadre de la procédure européenne de règlement des petits litiges, reprenez son identité comme suit :

« NOM DE LA COMPAGNIE (par exemple Lufthansa), société de droit étranger

ADRESSE : adresse officielle en France (dans le cadre de la procédure européenne de règlement des petits litiges : adresse du siège social à l'étranger)

Numéro de Registre du commerce : société de droit étranger

Annexez votre billet et votre lettre de réclamation initiale.

Saisir le tribunal de proximité

Si la conciliation n'aboutit, vous pouvez saisir le Tribunal de Proximité. Pour plus d'informations, rendez-vous ici:

https://www.service-public.fr/particuliers/vosdroits/F35125#:~:text=En%20accord%20avec%20votre%20adversaire,Identit%C3%A9%20compl%C3%A8te%20des%20parties

En dessous de 5000 €, cela se fait par simple requête. Voici le lien :

https://www.service-public.fr/particuliers/vosdroits/R14232

Pour trouver le tribunal de proximité compétent en fonction de l'aéroport : http://www.annuaires.justice.gouv.fr/

La partie adverse devant le juge de proximité

Contrairement à la conciliation, mentionnez impérativement l'adresse du siège social de la compagnie, pas son siège local en France. !

En Belgique

Le Juge de Paix

En Belgique, la demande sera le plus souvent à déposer devant le Juge de Paix qui est compétent en dessous de 5000€.

Celui de Zaventem connaît en néerlandais des demandes liées à l'aéroport de Bruxelles National.

Voici un lien utile pour plus d'infos :

https://justice.belgium.be/sites/default/files/def-brochure_vrederechter_fr-2019.pdf

La conciliation

En Belgique, la conciliation est facultative. Je vous conseille d'y recourir car la procédure s'introduit par simple lettre, alors que si vous voulez saisir le juge de forme contentieuse, il vous faudra lancer citation par huissier (plus onéreux).

En Suisse

Le Juge de Paix

En Suisse également, tout passe par le Juge de paix en dessous de 10 000 CHF :

Le tribunal à saisir est, au choix, celui de l'aéroport de départ, ou celui d'arrivée, ou celui du siège social de la compagnie.

La conciliation

Comme en France, la conciliation est devenu un passage obligé. Elle peut être utile. De plus, elle est aisée à mettre en œuvre par simple lettre.

Voici un lien utile pour en savoir plus sur la procédure suisse :

https://www.zsg.justice.be.ch/fr/start/themen/zivilrecht/verfahrensa blaeufe.html

Pour télécharger un modèle de demande en conciliation :

https://www.bj.admin.ch/bj/fr/home/publiservice/zivilprozessrecht/ parteieingabenformulare.html

Une application pour faciliter la résolution des litiges

Un juriste suisse a eu la bonne idée de créer l'app e-JUSTICE disponible sur Apple Store : afin de faciliter l'accès à la procédure civile helvétique :

https://apps.apple.com/ch/app/ejustice/id6450847146

https://www.tiktok.com/find/ejusticeapp?lang=fr

CHAPITRE 16 : Frais d'avocat et assurances

En tant que voyageur, je vous conseille de disposer d'une assurance protection juridique qui vous permettra de bénéficier des services d'un avocat en cas de litige avec la compagnie aérienne.

Ce type de couverture est bon marché. C'est un investissement rentable !

En ce qui concerne les assurances, jetez un coup d'œil à vos contrats : beaucoup couvrent l'annulation de vol pour des motifs liés au voyageur ou des soucis administratifs. Le plus souvent, cela ne couvre pas l'annulation par la compagnie aérienne.

L'assurance protection juridique

Ce type d'assurance est d'un rapport prix-couverture assez intéressant. En cas de litige, vous disposez d'une assistance avec des conseils, mais aussi d'une prise en charge des honoraires d'avocats et des frais nécessaires à l'intentement d'une action en justice.

C'est l'assureur protection juridique qui aura la main, même si vous avez le libre choix de l'avocat. Cela vous permet de défendre vos droits à moindre coût. Faut-il préciser que cette assurance doit être en vigueur avant l'incident de vol concerné par votre demande ?

Une indemnisation par la compagnie d'assurance.

Nous entrons ici dans un terrain mouvant. En effet, il existe de nombreuses polices d'assurance dites « voyage » qui vous couvrent en cas de voyage annulé.

La plupart ne couvrent pas les cas d'annulation par la compagnie aérienne. Uniquement lorsque l'annulation émane du voyageur.

Il faudra vous tourner vers la compagnie aérienne si celle-ci annule votre vol ou s'il est retardé ou en cas de refus d'embarquement.

Et les cartes de crédits ?

Quand nous payons un voyage avec une carte de crédit, on oublie souvent que des assurances y sont liées. Il peut s'agir d'assurances « voyage ». Il est recommandé de jeter un œil attentif aux petites lettres du contrat.

Je viens de découvrir sur YouTube une vidéo amusante d'un gars qui expliquait avoir eu son vol retardé et avoir obtenu 400€ de la compagnie aérienne et ensuite avoir réclamé 400€ à Visa puisqu'il avait payé le vol avec la carte Visa Premier.

C'était amusant, mais de nature à vous induire en erreur.

Cette carte Visa Premier prévoit bien une garantie « Retard de Transport » qui promet jusqu'à 400€ TTC par retard pour les frais engagés (repas, rafraîchissements…). Merveilleux non ? Je vais me faire indemniser en double ! N'y pensez pas.

Cette garantie liée à la carte Premier ne permet une indemnisation par Visa que si vous avez subi un préjudice. Si la compagnie vous a pris en charge en payant l'hôtel par exemple, vous n'avez subi aucun préjudice indemnisable par Visa. Pareil lorsque vous avez été indemnisé par la compagnie aérienne après avoir présenté votre note d'hôtel. C'est que le grand principe des assurances est qu'elles sont indemnitaires. Elles ne vous couvrent que si vous avez subi un préjudice.

Par contre, vous pouvez réclamer l'indemnité forfaitaire européenne à la compagnie et si vous avez exposé des frais d'hôtel, de restauration à la suite d'un vol retardé, vous vous adressez à Visa Premier en cas de paiement du vol avec leur carte. Et ça, c'est intéressant. Vous voyez que cette vidéo Youtube ne dit pas vraiment ça.… À chacun sa spécialité !

KIT DE SURVIE LÉGAL À GLISSER DANS VOTRE PASSEPORT

Vous êtes à l'aéroport. Votre avion est annulé ou retardé. Vous êtes refusé à l'embarquement Comment réagir ? Nous laissons de côté l'indemnisation qui viendra plus tard et nous centrons sur les bons réflexes.

Soufflez…

C'est le moment de penser. Ne cédez pas à la panique car elle est mauvaise conseillère. C'est le moment de faire valoir vos droits et de préparer votre indemnisation future.

La panique est mauvaise conseillère, je répète. C'est le moment de sortir votre guide pratique réservé aux voyageurs aériens futés et de plonger dans votre KIT DE SURVIE LÉGAL À GLISSER DANS VOTRE PASSEPORT.

Cela vous évite de relire tout ce que nous avons vu ensemble et de vous concentrer sur l'essentiel.

Pensez à vos droits à l'aéroport

Remboursement ou réacheminement

	Choix entre remboursement du billet et réacheminement vers la destination finale	Remboursement du billet et vol retour vers le point de départinitial	Prise en charge
Annulation	OUI	NON	OUI
Refus à l'embarquement	OUI	NON	OUI
Retard	NON	OUI SI RETARD DE 5 H AU MOINS	OUI

Prise en charge

PRISE EN CHARGE MÊME SI CIRCONSTANCES EXTRORDINAIRES		
TOUJOURS	AU CHOIX	ÉVENTUELLEEMT
Rafraichissement et collation en quantité suffisante et fonction du délai d'attente	2 appels téléphoniques, SMS, télex ou fax	Hébergement à l'hôtel si séjour imprévu et vol programmé le lendemain

Indemnisation

Vous ne serez pas indemnisé à l'aéroport, mais il est temps d'y penser afin de réunir les éléments destinés à votre dossier d'indemnisation !

Moment de la notification de l'annulation	Vol de réacheminement / remplacement	**Indemnisation**
Moins de 7 jours avant le départ prévu	PAS DE RÉACHEMINEMENT ou Départ plus d'1 heure <u>avant</u> l'heure de départ prévue ET arrivée à destination plus de 2 heures <u>après</u> l'heure prévue d'arrivée	OUI

En cas de refus à l'embarquement

Si vous êtes volontaire

Vous avez le choix entre

- Remboursement de votre billet au prix d'achat et si nécessaire du vol retour ;
- Réacheminement vers votre destination finale (dans des conditions de transport comparables et dans les meilleurs délais ou à une date ultérieure à votre convenance sous réserve de la disponibilité de sièges)

De plus, vous pouvez demander :

- Une indemnisation à négocier avec la compagnie aérienne (idéalement par virement ou en espèces plutôt qu'un avoir) NÈGOCIEZ LA IMMÉDIATEMENT
- Des prestations comme les boissons ou collations éventuelles.

Vous n'êtes pas volontaire

Vous disposez des mêmes droits qu'en cas d'annulation de vol :

- Prise en charge gratuite

- Choix entre le remboursement du billet en ce compris du vol retour vers le point de départ OU réacheminement ultérieur vers la destination finale ;

Préparez l'indemnisation future

- Conservez les preuves de tous les frais imprévus exposés
- Gardez des preuves de tout ce qui entoure les circonstances de l'incident aérien
- Allez sur internet et recherchez si un autre vol (de la même compagnie ou non) est disponible ? Google Flights, skyscanner, Kayak, peu importe la façon du moment que vous ayez l'info. Conservez précieusement la preuve des vols alternatifs disponibles.
- Demandez un justificatif de l'incident de voyage
- Conservez les coordonnées des autres voyageurs
- Le jour même, réunissez sur internet (site de l'aéroport ou de statistiques aériennes) les données du vol concerné et gardez les preuves des autres mouvements aériens.

  .

CALCULER LA DISTANCE DE VOL

Voici quelques outils pour calculer la distance de vol. Rappel : c'est la distance entre l'aéroport de départ et celui de la destination finale, sans prendre en compte l'escale !

Le Règlement EU n° 261/2004 prévoit que les distances sont mesurées selon la méthode de la route orthodromique. Quel beau mot ! Cela correspond au "Great Circle Mapper".

Voici le site qui vous permet de calculer la distance entre deux aéroports : http://www.gcmap.com/

Je dois avouer que la maîtrise de cet outil demande un peu de temps. Voilà pourquoi je vous recommande des outils grand public faciles à utiliser.

Il existe des calculateurs grand public pour vérifier qu'il n'y ait pas de grande différence, par exemple :

https://www.ephemeride.com/atlas/distanceaeroport/0/%20

https://www.distancede.com/Distance-de-Vol-calculateur.aspx

https://fr.distance.to/

TROUVER LES STATISTIQUES ET DONNÉES DE VOLS

Le mieux est d'être proactif. Gardez les communications de votre compagnie aérienne ou de votre agence de voyage.

En cas d'incident, pensez à conserver des photographies ou à faire des captures d'écran depuis le site de l'aéroport par exemple.

Vous pouvez aussi consulter :

https://www.flightstats.com/v2/

https://www.flightaware.com/

https://opensky-network.org/

MODÈLE DE LETTRE DE RÉCLAMATION - ANNULATION

(Identité et adresse)

Lettre recommandée avec avis de réception

Madame, Monsieur,

Je vous adresse la présente réclamation sur pied du Règlement Européen 261-2004, de la réglementation UK 261 *(à supprimer si nécessaire)* et s'il échet de la Convention de Montréal, en ce compris la jurisprudence de la CJUE.

J'avais réservé un vol numéro (*numéro du vol*) au départ de (*départ*) à destination de (*arrivée*) en date du (*date*) à *(heure)* h. Il s'agit d'un vol de (*distance*) kilomètres.

EVENTUELLEMENT J'étais accompagné des membres de ma famille *(identités)*, au nom desquels est également déposée la

présente réclamation.

Je dois déplorer que ce vol a fait l'objet d'une ANNULATION, à savoir que le vol prévu initialement et sur lequel au moins une place était réservée, n'a pas été effectué (même itinéraire de vol, même escale, même numéro de vol).

En effet, (*détailler les circonstances*)

Cette annulation ne peut être valablement justifiée par des circonstances extraordinaires puisque (*détailler*)

AU CHOIX :

> ➢ Aucun vol de réacheminement ne m'a été proposé.

> ➢ J'ai été réacheminé sur le vol n° (*numéro du vol de remplacement*), de (*départ*) à (*arrivée*). Le départ a eu lieu le (*date*) à (*heure*) h. L'arrivée a eu lieu le (*date*) à (*heure*) h

Je vous demande donc de procéder au versement de l'indemnité forfaitaire de (*montant de l'indemnité*) par personne (soit un total de prévue par le Règlement Européen n° 261/2004 du 11 février 2004 en cas d'annulation.

(Le cas échéant) Je réclame également la somme de (*valeur du dommage complémentaire*) euros qui représente ce qui suit (*détaillez*) :

(Le cas échéant) Pour autant que de besoin, j'attire votre attention sur l'arrêt de la CJUE du 11 juin 2020 (affaire C-74/19) aux termes duquel même si l'annulation a lieu en raison de circonstances extraordinaires valablement établies par la compagnie, quod non en l'espèce, le voyageur a droit à l'indemnisation forfaitaire si un réacheminement plus adapté et raisonnable était possible !

(Le cas échéant) Il apparait que cette annulation est due à une avarie de l'appareil. Comme il résulte de la jurisprudence de la CJUE, les problèmes techniques entraînant l'annulation ou le retard d'un vol ne constituent pas des "circonstances extraordinaires" susceptibles d'écarter votre responsabilité (arrêt de la CJCE du 19 novembre 2009).

Veuillez agréer, Madame, Monsieur, l'expression de mes salutations distinguées.

(Signature)

MODÈLE DE LETTRE DE RÉCLAMATION - RETARD

Identité et adresse)

Lettre recommandée avec avis de réception

Madame, Monsieur,

Je vous adresse la présente réclamation sur pied du Règlement Européen 261-2004, de la réglementation UK 261 *(à supprimer si nécessaire)* et s'il échet de la Convention de Montréal, en ce compris la jurisprudence de la CJUE.

J'avais réservé un vol numéro *(numéro du vol)* au départ de *(départ)* à destination de *(arrivée)* en date du *(date)* à *(heure)* h. Il s'agit d'un vol de *(distance)* kilomètres.

EVENTUELLEMENT J'étais accompagné des membres de ma famille *(identités)*, au nom desquels est également déposée la

présente réclamation.

Je dois déplorer que ce vol a fait l'objet d'un RETARD DE PLUS DE *(durée retard)*. HEURES. Le départ a eu lieu le *(date)* à *(heure)* h. L'arrivée a eu lieu le *(date)* à *(heure)* h

En effet, *(détailler les circonstances)*

Cette annulation ne peut être valablement justifiée par des circonstances extraordinaires puisque *(détailler)*

Je vous demande donc de procéder au versement de l'indemnité forfaitaire de *(montant de l'indemnité)* par personne (soit un total de prévue par le règlement européen n° 261/2004 du 11 février 2004 en cas d'annulation.

Comme vous le savez sans doute, il est de jurisprudence constante que la Cour de justice de l'Union européenne (CJUE) juge que les indemnisations prévues par ce règlement en cas d'annulation et de refus d'embarquement sont également dues en cas de retard à l'arrivée de 3 heures ou plus (arrêts de la CJUE du 19 novembre 2009, affaires C-402/07 et C-432/07, et du 23 octobre 2012, affaires C-581/10 et C-629/10).

(Le cas échéant) Je réclame également la somme de *(valeur du dommage complémentaire)* euros qui représente ce qui suit *(détaillez)* :

(Le cas échéant) Pour autant que de besoin, j'attire votre attention sur l'arrêt de la CJUE du 11 juin 2020 (affaire C-74/19) aux termes duquel même si l'annulation a lieu en raison de circonstances extraordinaires valablement établies par la compagnie, quod non en l'espèce, le voyageur a droit à l'indemnisation forfaitaire si un réacheminement plus adapté et raisonnable était possible !

(Le cas échéant) Il apparait que cette annulation est due à une avarie de l'appareil. Comme il résulte de la jurisprudence de la CJUE, les problèmes techniques entraînant l'annulation ou le retard d'un vol ne constituent pas des "circonstances extraordinaires" susceptibles d'écarter votre responsabilité (arrêt de la CJCE du 19 novembre 2009).

Veuillez agréer, Madame, Monsieur, l'expression de mes salutations distinguées.

(Signature)

MODÈLE DE LETTRE DE RÉCLAMATION – REFUS À l'EMBARQUEMENT

Identité et adresse)

Lettre recommandée avec avis de réception

Madame, Monsieur,

Je vous adresse la présente réclamation sur pied du Règlement Européen 261-2004, de la réglementation UK 261 *(à supprimer si nécessaire)* et s'il échet de la Convention de Montréal, en ce compris la jurisprudence de la CJUE.

J'avais réservé un vol numéro *(numéro du vol)* au départ de *(départ)* à destination de *(arrivée)* en date du *(date)* à *(heure)*h. Il s'agit d'un vol de *(distance)* kilomètres.

EVENTUELLEMENT J'étais accompagné des membres de ma famille *(identités)*, au nom desquels est également déposée la

présente réclamation.

Je dois déplorer avoir fait l'objet d'un REFUS d'EMBARQUEMENT CONTRE MON/NOTRE GRÉ malgré présentation à l'enregistrement dans les temps. Pour autant que de besoin, j'attire votre attention sur ce que pareil refus d'embarquement ne peut se justifier par des circonstances extraordinaires.

En effet, (*détailler les circonstances*)

Je vous demande donc de procéder au versement de l'indemnité forfaitaire de (*montant de l'indemnité*) par personne (soit un total de prévue par le règlement européen n° 261/2004 du 11 février 2004 en cas de refus d'embarquement.

(Le cas échéant) Je réclame également la somme de (*valeur du dommage complémentaire*) euros qui représente ce qui suit (*détaillez*) :

Veuillez agréer, Madame, Monsieur, l'expression de mes salutations distinguées.

(Signature)

MODÈLE DE DEMANDE EN CONCILIATION

Remplissez avec soin ce formulaire.
Les champs repérés par un astérisque (*) sont obligatoires. Cependant il est recommandé de compléter les autres afin de faciliter la prise en charge de votre demande. Pour compléter les autres vous pouvez consulter la notice.

1 Identité du 1er demandeur) :
1.1 ▶ Si vous êtes une personne physique, n'exerçant aucune activité professionnelle, remplissez les rubriques suivantes :

1.1.1 (*) Madame I I (*) Monsieur I I
1.1.2 Votre nom de naissance (*) :
1.1.3 Votre nom d'usage (d'époux (se))
1.1.4 Vos prénoms (*) :
1.1.5 Vos date et lieu de naissance (*) : .... à (*)
1.1.6 Votre nationalité :
1.1.7 Votre adresse (*) (N° et nom de la voie) :
1.1.8 Complément d'adresse
1.1.9 Code postal (*): .... Commune (*):
1.1.10 Adresse courriel:

1.1.11 Numéro de téléphone fixe (*): ………………..
(mentionnez au moins un des deux numéros fixe ou mobile)
1.1.12 Numéro de téléphone mobile (*): …………… I
(mentionnez au moins un des deux numéros fixe ou mobile)
1.1.13 Si, ci-dessous, les noms, prénoms, dates et lieu de naissance des enfants mineurs sont renseignés, le 1er demandeur agit tant en son nom, qu'au nom, et pour le
compte, de son (ses) **enfant(s) mineur(s)** :

- Nom :, prénom : ,né le…. à …;
- Nom :, prénom : ,né le…. à …;
- Nom :, prénom : ,né le…. à …;
- Nom :, prénom : ,né le…. à …;

1.1.a Identité du 2ème demandeur, (conjoint marié ou pacsé du 1er demandeur) :

1.1.b ►Si vous êtes une personne physique, n'exerçant aucune activité professionnelle, remplissez les rubriques
suivantes :

1.1.1.c (*) Madame I I (*) Monsieur I I
1.1.2.d Votre nom de naissance (*) :
1.1.3.e Votre nom d'usage (d'époux (se))
1.1.4.f Vos prénoms (*) :
1.1.5.g Vos date et lieu de naissance (*) :   à (*)
1.1.6.h Votre nationalité :
1.1.7.i Votre adresse (*) (N° et nom de la voie) :
1.1.8.j Complément d'adresse
1.1.9.k Code postal (*) : ………………. Commune (*):
1.1.10.l Adresse courriel:
1.1.11.m Numéro de téléphone fixe (*) : ……………
(mentionnez au moins un des deux numéros fixe ou
mobile)
1.1.12.n Numéro de téléphone mobile (*) : ………….
(mentionnez au moins un des deux numéros fixe ou
mobile)

2.1 Identité de votre adversaire

2.2 ▶Remplissez les rubriques suivantes concernant la compagnie aérienne.

2.2.1 Forme de la société, *(SA, SARL...si française, ou sinon, « Société de droit étranger »*.). (1) :

2.2.2 N° de registre du commerce (1).

(Si adversaire étranger, un n° de registre de commerce est parfois impossible à indiquer)

2.2.3 Dénomination *(nom exact et complet de la compagnie aérienne)* (*) (1) :

2.2.4 Représentée par (1) (si connu) :

2.2.5 Adresse du **siège social** (*) (1)

:..

....

2.2.6 Complément d'adresse

2.2.7 Code postal (*) .... Commune (*) :

(Si adversaire étranger, code postal parfois impossible à indiquer)

2.2.8 Pays :

2.2.9 Adresse courriel :

(adresse courriel des compagnies aériennes pas toujours disponible)

2.2.10 Numéro de téléphone fixe : ....

(pas toujours disponible)

2.2.11 Numéro de téléphone mobile : ....

(pas toujours disponible)

3 Description du différend

3.1 Lieu du différend

3.1.1 **Aéroport de départ ou d'arrivée (*)** :

....

Quand l'aéroport couvre plusieurs communes, il n'est pas possible de

renseigner ni un code postal, ni une commune.

3.1.2 Complément d'adresse :

3.1.3 Code postal (*) : .... I Commune (*)

....

3.2 Description du différend (*)

(*joindre un courrier si nécessaire*).

Voir copie, ci-jointe, de la lettre recommandée envoyée à la compagnie

aérienne

3.3 Pièces jointes (*reprenez les documents annexés*)

- Copie de la lettre recommandée adressée à la compagnie

aérienne

- Billet d'avion

- Autres

Date et signature(s)
Demandeur 1   **Demandeur 2**

LISTE DES FORMULAIRES DE PLAINTE DES COMPAGNIES EUROPÉENNES

AEGIAN AIRLINES
https://aegeanairlines-fr.custhelp.com/app/ask

AER LINGUS
https://www.aerlingus.com/support/customer-care/requests-and-enquiries/post-travel-enquiry/

AIR BALTIC
https://www.airbaltic.com/en/submit-a-claim

AIR EUROPA
https://www.aireuropa.com/fr/fr/complaints-compliments

AIR FRANCE
https://wwws.airfrance.fr/information/legal/reclamation

ALITALIA
https://wwws.airfrance.fr/information/legal/reclamation

AUSTRIAN AIRLINES
https://www.austrian.com/it/en/kontakt#/
https://www.austrian.com/fr/en/contact-form-refund

BRITISH AIRLINES
https://www.britishairways.com/fr-fr/information/help-and-contacts/complaints-and-claims

BRUSSELS AIRLINES
https://www.brusselsairlines.com/fr/fr/contact

BULGARIA AIR
https://www.air.bg/en/customer-support/complaints-and-returns

CZECH AIRLINES
https://www.csa.cz/fr-fr/formulaire-de-contact/#current_ask-form-2

CROATIA AIRLINES
https://www.csa.cz/fr-fr/formulaire-de-contact/#current_ask-form-2

EASYJET
https://www.easyjet.com/fr/aide/contactez

ENTER AIR
https://www.enterair.pl/fr/contact

FINNAIR
https://www.finnair.com/fr-fr/assistance-client%C3%A8le-et-coordonn%C3%A9es/formulaires-de-contact-et-de-demande/commentaires-et-indemnisation

EUROWINGS

https://www.eurowings.com/fr/s-informer/a-propos/entreprise/contact.html

IBERIA
https://www.iberia.com/fr/relations-clients/

KLM
https://www.klm.fr/claim?CallerCountryCode=FR

LEVEL
https://www.flylevel.com/en/contact-us/help-center#contact

LOT
https://www.lot.com/fr/fr/help-center/contact/forms

LUFTHANSA
https://www.lufthansa.com/fr/fr/remboursement

NORWEGIAN
https://www.norwegian.com/fr/ipr/refund#/expenseclaim?rcategory=CANCELLATION

RYANAIR
https://refundclaims.ryanair.com/

SAS
https://www.flysas.com/en/customer-service/contact/forms/

TAP
https://www.flytap.com/fr-fr/aide/nous-contacter/reclamation

TRANSAVIA
https://www.transavia.com/fr-FR/questions-frequemment-posees/contact/

SMARTWINGS

https://www.smartwings.com/en/contact-form

VOLOTEA

https://www.volotea.com/fr/contact/#comment-puisje-contacter-volotea---84

VUELING

https://www.vueling.com/fr/nous-sommes-vueling/contact/envoyer-un-message

WIZZ AIR

https://wizzair.com/fr-fr/informations-et-services/compliments-et-reclamations/#/

TEXTE OFFICIEL DU RÈGLEMENT EU 261/2004

Règlement (CE) n° 261/2004 du Parlement européen et du Conseil du 11 février 2004 établissant des règles communes en matière d'indemnisation et d'assistance des passagers en cas de refus d'embarquement et d'annulation ou de retard important d'un vol, et abrogeant le règlement (CEE) n° 295/91 (Texte présentant de l'intérêt pour l'EEE) - Déclaration de la Commission
Journal officiel n° L 046 du 17/02/2004 p. 0001 - 0008

Règlement (CE) no 261/2004 du Parlement européen et du Conseil du 11 février 2004 établissant des règles communes en matière d'indemnisation et d'assistance des passagers en cas de refus d'embarquement et d'annulation ou de retard important d'un vol, et abrogeant le règlement (CEE) n° 295/91

(Texte présentant de l'intérêt pour l'EEE)

LE PARLEMENT EUROPÉEN ET LE CONSEIL DE L'UNION EUROPÉENNE,

vu le traité instituant la Communauté européenne, et notamment son article 80, paragraphe 2, vu la proposition de la Commission (1),

vu l'avis du Comité économique et social européen (2),

après consultation du Comité des régions, statuant conformément à la procédure visée à l'article 251 du traité (3), au vu du projet commun approuvé le 1er décembre 2003 par le comité de conciliation,

considérant ce qui suit :

(1) L'action de la Communauté dans le domaine des transports aériens devrait notamment viser à garantir un niveau élevé de protection des passagers. Il convient en outre de tenir pleinement compte des exigences de protection des consommateurs en général.

(2) Le refus d'embarquement et l'annulation ou le retard important d'un vol entraînent des difficultés et des désagréments sérieux pour les passagers.

(3) Bien que le règlement (CEE) n° 295/91 du Conseil du 4 février 1991 établissant des règles communes relatives à un système de compensation pour refus d'embarquement dans les transports aériens réguliers (4) ait mis en place une protection de base pour les passagers, le nombre de passagers refusés à l'embarquement contre leur volonté reste trop élevé, ainsi que le nombre de passagers concernés par des annulations sans avertissement préalable et des retards importants.

(4) La Communauté devrait, par conséquent, relever les normes de protection fixées par ledit règlement, à la fois pour renforcer les droits des passagers et pour faire en sorte que les transporteurs aériens puissent exercer leurs activités dans des conditions équivalentes sur un marché libéralisé.

(5) Dans la mesure où la distinction entre services aériens réguliers et non réguliers tend à s'estomper, cette protection devrait s'appliquer

non seulement aux passagers des vols réguliers, mais aussi à ceux des vols non réguliers, y compris les vols faisant partie de circuits à forfait.

(6) La protection accordée aux passagers partant d'un aéroport situé dans un État membre devrait être étendue à ceux qui quittent un aéroport situé dans un pays tiers à destination d'un aéroport situé dans un État membre, lorsque le vol est assuré par un transporteur communautaire.

(7) Afin de garantir l'application effective du présent règlement, les obligations qui en découlent devraient incomber au transporteur aérien effectif qui réalise ou a l'intention de réaliser un vol, indépendamment du fait qu'il soit propriétaire de l'avion, que l'avion fasse l'objet d'un contrat de location coque nue (dry lease) ou avec équipage (wet lease), ou s'inscrive dans le cadre de tout autre régime.

(8) Le présent règlement ne devrait pas limiter le droit du transporteur aérien effectif de demander réparation à toute personne, y compris un tiers, conformément à la législation applicable.

(9) Il convient de réduire le nombre de passagers refusés à l'embarquement contre leur volonté en exigeant des transporteurs aériens qu'ils fassent appel à des volontaires acceptant de renoncer à leur réservation en contrepartie de certains avantages, au lieu de refuser des passagers à l'embarquement, et en assurant l'indemnisation complète des passagers finalement refusés à l'embarquement.

(10) Les passagers refusés à l'embarquement contre leur volonté devraient avoir la possibilité d'annuler leur vol et de se faire rembourser leur billet ou de le poursuivre dans des conditions satisfaisantes, et devraient bénéficier d'une prise en charge adéquate durant l'attente d'un vol ultérieur.

(11) Les volontaires devraient également avoir la possibilité d'annuler leur vol, ou de le poursuivre dans des conditions

satisfaisantes, puisqu'ils se trouvent confrontés aux mêmes difficultés de déplacement que les passagers refusés à l'embarquement contre leur volonté.

(12) Il convient également d'atténuer les difficultés et les désagréments pour les passagers, occasionnés par les annulations de vols. Il y a lieu à cet effet d'inciter les transporteurs à informer les passagers des annulations avant l'heure de départ prévue et en outre, leur proposer un réacheminement raisonnable, de sorte que les passagers puissent prendre d'autres dispositions. S'ils n'y parviennent pas, les transporteurs aériens devraient indemniser les passagers, sauf lorsque l'annulation est due à des circonstances extraordinaires qui n'auraient pas pu être évitées même si toutes les mesures raisonnables avaient été prises.

(13) Les passagers dont le vol est annulé devraient avoir la possibilité de se faire rembourser leur billet ou d'obtenir un réacheminement dans des conditions satisfaisantes, et devraient bénéficier d'une prise en charge adéquate durant l'attente d'un vol ultérieur.

(14) Tout comme dans le cadre de la convention de Montréal, les obligations des transporteurs aériens effectifs devraient être limitées ou leur responsabilité exonérée dans les cas où un événement est dû à des circonstances extraordinaires qui n'auraient pas pu être évitées même si toutes les mesures raisonnables avaient été prises. De telles circonstances peuvent se produire, en particulier, en cas d'instabilité politique, de conditions météorologiques incompatibles avec la réalisation du vol concerné, de risques liés à la sécurité, de défaillances imprévues pouvant affecter la sécurité du vol, ainsi que de grèves ayant une incidence sur les opérations d'un transporteur aérien effectif.

(15) Il devrait être considéré qu'il y a circonstance extraordinaire, lorsqu'une décision relative à la gestion du trafic aérien concernant un avion précis pour une journée précise génère un retard important, un retard jusqu'au lendemain ou l'annulation d'un ou de plusieurs

vols de cet avion, bien que toutes les mesures raisonnables aient été prises par le transporteur aérien afin d'éviter ces retards ou annulations.

(16) En cas d'annulation d'un voyage à forfait pour des raisons autres que l'annulation d'un vol, le présent règlement ne devrait pas s'appliquer.

(17) Les passagers dont le vol est retardé d'un laps de temps défini devraient bénéficier d'une prise en charge adéquate et avoir la possibilité d'annuler leur vol et de se faire rembourser le prix de leur billet ou de le poursuivre dans des conditions satisfaisantes.

(18) La prise en charge des passagers qui attendent un vol de remplacement ou un vol retardé peut être limitée ou refusée si cette prise en charge est susceptible de prolonger le retard.

(19) Les transporteurs aériens effectifs devraient veiller aux besoins particuliers des passagers à mobilité réduite et toutes personnes qui les accompagnent.

(20) Les passagers devraient être pleinement informés de leurs droits en cas de refus d'embarquement et d'annulation ou de retard important d'un vol, afin d'être en mesure d'exercer efficacement ces droits.

(21) Les États membres devraient définir le régime des sanctions applicables en cas de violation du présent règlement et veiller à ce qu'elles soient appliquées. Ces sanctions doivent être efficaces, proportionnées et dissuasives.

(22) Les États membres devraient veiller à l'application générale par leurs transporteurs aériens du présent règlement, contrôler son application et désigner un organisme approprié chargé de le faire appliquer. Le contrôle ne devrait pas porter atteinte aux droits des passagers et des transporteurs de demander réparation auprès des tribunaux conformément aux procédures prévues par le droit

national.

(23) La Commission devrait analyser l'application du présent règlement et évaluer en particulier l'opportunité d'étendre son champ d'application à tous les passagers liés par contrat à un organisateur de voyages ou un transporteur communautaire, qui partent d'un aéroport situé dans un pays tiers à destination d'un aéroport situé sur le territoire d'un État membre.

(24) Des arrangements prévoyant une coopération accrue concernant l'utilisation de l'aéroport de Gibraltar ont été conclus le 2 décembre 1987 à Londres par le Royaume d'Espagne et le Royaume-Uni dans une déclaration commune des ministres des affaires étrangères des deux pays. Ces arrangements ne sont toutefois pas encore entrés en vigueur.

(25) Le règlement (CEE) n° 295/91 devrait être abrogé en conséquence,

ONT ARRÊTÉ LE PRÉSENT RÈGLEMENT :

Article premier

Objet

1. Le présent règlement reconnaît, dans les conditions qui y sont spécifiées, des droits minimum aux passagers dans les situations suivantes :

a) en cas de refus d'embarquement contre leur volonté ;

b) en cas d'annulation de leur vol ;

c) en cas de vol retardé.

2. L'application du présent règlement à l'aéroport de Gibraltar s'entend sans préjudice des positions juridiques respectives du

Royaume d'Espagne et du Royaume-Uni concernant le conflit relatif à la souveraineté sur le territoire sur lequel l'aéroport est situé.

3. L'application du présent règlement à l'aéroport de Gibraltar est différée jusqu'à la mise en application des arrangements convenus dans la déclaration commune, du 2 décembre 1987, faite par les ministres des affaires étrangères du Royaume d'Espagne et du Royaume-Uni. Les gouvernements du Royaume d'Espagne et du Royaume-Uni informeront le Conseil de la date de cette mise en application.

Article 2

Définitions

Aux fins du présent règlement, on entend par :

a) "transporteur aérien", une entreprise de transport aérien possédant une licence d'exploitation en cours de validité ;

b) "transporteur aérien effectif", un transporteur aérien qui réalise ou a l'intention de réaliser un vol dans le cadre d'un contrat conclu avec un passager, ou au nom d'une autre personne, morale ou physique, qui a conclu un contrat avec ce passager ;

c) "transporteur communautaire", un transporteur aérien possédant une licence d'exploitation en cours de validité, délivrée par un État membre conformément aux dispositions du règlement (CEE) n° 2407/92 du Conseil du 23 juillet 1992 concernant les licences des transporteurs aériens (5);

d) "organisateur de voyages", à l'exclusion d'un transporteur aérien, un organisateur au sens de l'article 2, point 2, de la directive 90/314/CEE du Conseil du 13 juin 1990 concernant les voyages, vacances et circuits à forfait (6);

e) "forfait", les services définis à l'article 2, point 1, de la directive

90/314/CEE ;

f) "billet", un document en cours de validité établissant le droit au transport, ou quelque chose d'équivalent sous forme immatérielle, y compris électronique, délivré ou autorisé par le transporteur aérien ou son agent agréé ;

g) "réservation", le fait pour un passager d'être en possession d'un billet, ou d'une autre preuve, indiquant que la réservation a été acceptée et enregistrée par le transporteur aérien ou l'organisateur de voyages ;

h) "destination finale", la destination figurant sur le billet présenté au comptoir d'enregistrement, ou, dans le cas des vols avec correspondances, la destination du dernier vol ; les vols avec correspondances disponibles comme solution de remplacement ne sont pas pris en compte si l'heure d'arrivée initialement prévue est respectée;

i) "personne à mobilité réduite", toute personne dont la mobilité est réduite lorsqu'elle utilise un moyen de transport en raison d'un handicap physique (sensoriel ou locomoteur, permanent ou temporaire), d'une déficience intellectuelle, de son âge ou de tout autre cause de handicap et dont la situation exige une attention spéciale et l'adaptation à ses besoins des services mis à la disposition de tous les passagers ;

j) "refus d'embarquement", le refus de transporter des passagers sur un vol, bien qu'ils se soient présentés à l'embarquement dans les conditions fixées à l'article 3, paragraphe 2, sauf s'il est raisonnablement justifié de refuser l'embarquement, notamment pour des raisons de santé, de sûreté ou de sécurité, ou de documents de voyages inadéquats ;

k) "volontaire", une personne qui s'est présentée à l'embarquement dans les conditions fixées à l'article 3, paragraphe 2, et qui est prête à céder, à la demande du transporteur aérien, sa réservation confirmée, en échange de prestations ;

l) "annulation", le fait qu'un vol qui était prévu initialement et sur lequel au moins une place était réservée n'a pas été effectué.

Article 3

Champ d'application

1. Le présent règlement s'applique :

a) aux passagers au départ d'un aéroport situé sur le territoire d'un État membre soumis aux dispositions du traité ;

b) aux passagers au départ d'un aéroport situé dans un pays tiers et à destination d'un aéroport situé sur le territoire d'un État membre soumis aux dispositions du traité, à moins que ces passagers ne bénéficient de prestations ou d'une indemnisation et d'une assistance dans ce pays tiers, si le transporteur aérien effectif qui réalise le vol est un transporteur communautaire.

2. Le paragraphe 1 s'applique à condition que les passagers :

a) disposent d'une réservation confirmée pour le vol concerné et se présentent, sauf en cas d'annulation visée à l'article 5, à l'enregistrement :

- comme spécifié et à l'heure indiquée à l'avance et par écrit (y compris par voie électronique) par le transporteur aérien, l'organisateur de voyages ou un agent de voyages autorisé,

ou, en l'absence d'indication d'heure,

- au plus tard quarante-cinq minutes avant l'heure de départ publiée, ou

b) aient été transférés par le transporteur aérien ou l'organisateur de voyages, du vol pour lequel ils possédaient une réservation vers un autre vol, quelle qu'en soit la raison.

3. Le présent règlement ne s'applique pas aux passagers qui voyagent gratuitement ou à un tarif réduit non directement ou indirectement accessible au public. Toutefois, il s'applique aux passagers en possession d'un billet émis par un transporteur aérien ou un organisateur de voyages dans le cadre d'un programme de fidélisation ou d'autres programmes commerciaux.

4. Le présent règlement ne s'applique qu'aux passagers transportés sur des avions motorisés à ailes fixes.

5. Le présent règlement s'applique à tout transporteur aérien effectif assurant le transport des passagers visés aux paragraphes 1 et 2. Lorsqu'un transporteur aérien effectif qui n'a pas conclu de contrat avec le passager remplit des obligations découlant du présent règlement, il est réputé agir au nom de la personne qui a conclu le contrat avec le passager concerné.

6. Le présent règlement ne porte pas atteinte aux droits des passagers établis par la directive 90/314/CEE. Le présent règlement ne s'applique pas lorsqu'un voyage à forfait est annulé pour des raisons autres que l'annulation du vol.

Article 4

Refus d'embarquement

1. Lorsqu'un transporteur aérien effectif prévoit raisonnablement de refuser l'embarquement sur un vol, il fait d'abord appel aux volontaires acceptant de renoncer à leur réservation en échange de certaines prestations, suivant des modalités à convenir entre les passagers concernés et le transporteur aérien effectif. Les volontaires bénéficient, en plus des prestations mentionnées au présent paragraphe, d'une assistance conformément à l'article 8.

2. Lorsque le nombre de volontaires n'est pas suffisant pour permettre l'embarquement des autres passagers disposant d'une réservation, le transporteur aérien effectif peut refuser l'embarquement de passagers contre leur volonté.

3. S'il refuse des passagers à l'embarquement contre leur volonté, le transporteur aérien effectif indemnise immédiatement ces derniers conformément à l'article 7, et leur offre une assistance conformément aux articles 8 et 9.

Article 5

Annulations

1. En cas d'annulation d'un vol, les passagers concernés :

a) se voient offrir par le transporteur aérien effectif une assistance conformément à l'article 8 ;

b) se voient offrir par le transporteur aérien effectif une assistance conformément à l'article 9, paragraphe 1, point a), et paragraphe 2, de même que, dans le cas d'un réacheminement lorsque l'heure de départ raisonnablement attendue du nouveau vol est au moins le jour suivant le départ planifié pour le vol annulé, l'assistance prévue à l'article 9, paragraphe 1, points b) et c), et

c) ont droit à une indemnisation du transporteur aérien effectif conformément 1 à l'article 7, à moins qu'ils soient informés de l'annulation du vol :

i) au moins deux semaines avant l'heure de départ prévue, ou

ii) de deux semaines à sept jours avant l'heure de départ prévue si on leur offre un réacheminement leur permettant de partir au plus tôt deux heures avant l'heure de départ prévue et d'atteindre leur destination finale moins de quatre heures après l'heure d'arrivée prévue, ou

iii) moins de sept jours avant l'heure de départ prévue si on leur offre un réacheminement leur permettant de partir au plus tôt une heure avant l'heure de départ prévue et d'atteindre leur destination finale moins de deux heures après l'heure prévue d'arrivée.

2. Lorsque les passagers sont informés de l'annulation d'un vol, des renseignements leur sont fournis concernant d'autres transports possibles.

3. Un transporteur aérien effectif n'est pas tenu de verser l'indemnisation prévue à l'article 7 s'il est en mesure de prouver que l'annulation est due à des circonstances extraordinaires qui n'auraient pas pu être évitées même si toutes les mesures raisonnables avaient été prises.

4. Il incombe au transporteur aérien effectif de prouver qu'il a informé les passagers de l'annulation d'un vol ainsi que le délai dans lequel il l'a fait.

Article 6

Retards

1. Lorsqu'un transporteur aérien effectif prévoit raisonnablement qu'un vol sera retardé par rapport à l'heure de départ prévue :

a) de deux heures ou plus pour tous les vols de 1500 kilomètres ou moins, ou

b) de trois heures ou plus pour tous les vols intracommunautaires de plus de 1500 km et pour tous les autres vols de 1500 à 3500 km, ou

c) de quatre heures ou plus pour tous les vols qui ne relèvent pas des points a) ou b),

les passagers se voient proposer par le transporteur aérien effectif :

i) l'assistance prévue à l'article 9, paragraphe 1, point a), et paragraphe 2, et

ii) lorsque l'heure de départ raisonnablement attendue est au moins le jour suivant l'heure de départ initialement annoncée, l'assistance prévue à l'article 9, paragraphe 1, points b) et c), et

iii) lorsque le retard est d'au moins cinq heures, l'assistance prévue à l'article 8, paragraphe 1, point a).

2. En tout état de cause, cette assistance est proposée dans les limites fixées ci-dessus compte tenu de la distance du vol.

Article 7

Droit à indemnisation

1. Lorsqu'il est fait référence au présent article, les passagers reçoivent une indemnisation dont le montant est fixé à :

a) 250 euros pour tous les vols de 1500 kilomètres ou moins ;

b) 400 euros pour tous les vols intracommunautaires de plus de 1500 kilomètres et pour tous les autres vols de 1500 à 3500 kilomètres ;

c) 600 euros pour tous les vols qui ne relèvent pas des points a) ou b).

Pour déterminer la distance à prendre en considération, il est tenu compte de la dernière destination où le passager arrivera après l'heure prévue du fait du refus d'embarquement ou de l'annulation.

2. Lorsque, en application de l'article 8, un passager se voit proposer un réacheminement vers sa destination finale sur un autre vol dont l'heure d'arrivée ne dépasse pas l'heure d'arrivée prévue du vol initialement réservé :

a) de deux heures pour tous les vols de 1500 kilomètres ou moins, ou

b) de trois heures pour tous les vols intracommunautaires de plus de 1500 kilomètres et pour tous les autres vols de 1500 à 3500 kilomètres, ou

c) de quatre heures pour tous les vols ne relevant pas des points a) ou b),

le transporteur aérien effectif peut réduire de 50 % le montant de l'indemnisation prévue au paragraphe 1.

3. L'indemnisation visée au paragraphe 1 est payée en espèces, par virement bancaire électronique, par virement bancaire ou par chèque, ou, avec l'accord signé du passager, sous forme de bons de voyage et/ou d'autres services.

4. Les distances indiquées aux paragraphes 1 et 2 sont mesurées selon la méthode de la route orthodromique.

Article 8

Assistance : droit au remboursement ou au réacheminement

1. Lorsqu'il est fait référence au présent article, les passagers se voient proposer le choix entre :

a) - le remboursement du billet, dans un délai de sept jours, selon les modalités visées à l'article 7, paragraphe 3, au prix auquel il a été acheté, pour la ou les parties du voyage non effectuées et pour la ou les parties du voyage déjà effectuées et devenues inutiles par rapport à leur plan de voyage initial, ainsi que, le cas échéant,

- un vol retour vers leur point de départ initial dans les meilleurs délais ;

b) un réacheminement vers leur destination finale, dans des conditions de transport comparables et dans les meilleurs délais, ou

c) un réacheminement vers leur destination finale dans des conditions de transport comparables à une date ultérieure, à leur convenance, sous réserve de la disponibilité de sièges.

2. Le paragraphe 1, point a), s'applique également aux passagers dont le vol fait partie d'un voyage à forfait hormis en ce qui concerne le droit au remboursement si un tel droit découle de la directive 90/314/CEE.

3. Dans le cas d'une ville, d'une agglomération ou d'une région desservie par plusieurs aéroports, si le transporteur aérien effectif propose au passager un vol à destination d'un aéroport autre que celui qui était initialement prévu, le transporteur aérien effectif prend à sa charge les frais de transfert des passagers entre l'aéroport d'arrivée et l'aéroport initialement prévu ou une autre destination proche convenue avec le passager.

Article 9

Droit à une prise en charge

1. Lorsqu'il est fait référence au présent article, les passagers se voient offrir gratuitement :

a) des rafraîchissements et des possibilités de se restaurer en suffisance compte tenu du délai d'attente ;

b) un hébergement à l'hôtel aux cas où :

- un séjour d'attente d'une ou plusieurs nuits est nécessaire, ou

- lorsqu'un séjour s'ajoutant à celui prévu par le passager est nécessaire ;

c) le transport depuis l'aéroport jusqu'au lieu d'hébergement (hôtel ou autre).

2. En outre, le passager se voit proposer la possibilité d'effectuer gratuitement deux appels téléphoniques ou d'envoyer gratuitement deux télex, deux télécopies ou deux messages électroniques.

3. En appliquant le présent article, le transporteur aérien effectif veille tout particulièrement aux besoins des personnes à mobilité réduite ou de toutes les personnes qui les accompagnent, ainsi qu'aux besoins des enfants non accompagnés.

Article 10

Surclassement et déclassement

1. Si un transporteur aérien effectif place un passager dans une classe supérieure à celle pour laquelle le billet a été acheté, il ne peut réclamer aucun supplément.

2. Si un transporteur aérien effectif place un passager dans une classe inférieure à celle pour laquelle le billet a été acheté, il rembourse, dans un délai de sept jours et selon les modalités visées à l'article 7, paragraphe 3:

a) 30 % du prix du billet pour tous les vols de 1500 kilomètres ou moins, ou

b) 50 % du prix du billet pour tous les vols intracommunautaires de plus de 1500 kilomètres, à l'exception des vols entre le territoire européen des États membres et les départements français d'outre-mer, ainsi que pour tous les autres vols de 1500 kilomètres à 3500 kilomètres, ou

c) 75 % du prix du billet pour tous les vols ne relevant pas des points a) ou b), y compris les vols entre le territoire européen des États membres et les départements français d'outre-mer.

Article 11

Personnes à mobilité réduite et autres personnes ayant des besoins particuliers

1. Les transporteurs aériens effectifs donnent la priorité aux personnes à mobilité réduite et à toutes les personnes ou les chiens guides certifiés qui les accompagnent ainsi qu'aux enfants non accompagnés.

2. En cas de refus d'embarquement, d'annulation ou de retard, quelle que soit la durée de celui-ci, les personnes à mobilité réduite et toutes les personnes qui les accompagnent, ainsi que les enfants non accompagnés, ont droit à une prise en charge prévue à l'article 9, qui leur est fournie dès que possible.

Article 12

Indemnisation complémentaire

1. Le présent règlement s'applique sans préjudice du droit d'un passager à une indemnisation complémentaire. L'indemnisation accordée en vertu du présent règlement peut être déduite d'une telle indemnisation.

2. Sans préjudice des principes et règles pertinents du droit national, y compris la jurisprudence, le paragraphe 1 ne s'applique pas aux passagers qui ont volontairement renoncé à leur réservation conformément à l'article 4, paragraphe 1.

Article 13

Droit à la réparation des dommages

Lorsqu'un transporteur aérien effectif verse une indemnité ou s'acquitte d'autres obligations lui incombant en vertu du présent règlement, aucune disposition de ce dernier ne peut être interprétée comme limitant son droit à demander réparation à toute personne, y compris des tiers, conformément au droit national applicable. En particulier, le présent règlement ne limite aucunement le droit du transporteur aérien effectif de demander réparation à un organisateur de voyages ou une autre personne avec laquelle le transporteur aérien effectif a conclu un contrat. De même, aucune disposition du présent règlement ne peut être interprétée comme limitant le droit d'un organisateur de voyages ou d'un tiers, autre que le passager avec lequel un transporteur aérien effectif a conclu un contrat, de demander réparation au transporteur aérien effectif conformément aux lois pertinentes applicables.

Article 14

Obligation d'informer les passagers de leurs droits

1. Le transporteur aérien effectif veille à ce qu'un avis reprenant le texte suivant, imprimé en caractères bien lisibles, soit affiché bien en vue dans la zone d'enregistrement: "Si vous êtes refusé à l'embarquement ou si votre vol est annulé ou retardé d'au moins deux heures, demandez au comptoir d'enregistrement ou à la porte d'embarquement le texte énonçant vos droits, notamment en matière d'indemnisation et d'assistance."

2. Le transporteur aérien effectif qui refuse l'embarquement ou qui annule un vol présente à chaque passager concerné une notice écrite reprenant les règles d'indemnisation et d'assistance conformément aux dispositions du présent règlement. Il présente également cette notice à tout passager subissant un retard d'au moins deux heures. Les coordonnées de l'organisme national désigné visé à l'article 16 sont également fournies par écrit au passager.

3. En ce qui concerne les non-voyants et les malvoyants, les dispositions du présent article s'appliquent avec d'autres moyens appropriés.

Article 15

Irrecevabilité des dérogations

1. Les obligations envers les passagers qui sont énoncées par le présent règlement ne peuvent être limitées ou levées, notamment par une dérogation ou une clause restrictive figurant dans le contrat de transport.

2. Si toutefois une telle dérogation ou une telle clause restrictive est appliquée à l'égard d'un passager, ou si un passager n'est pas dûment informé de ses droits et accepte, par conséquent, une indemnisation inférieure à celle prévue par le présent règlement, ce passager a le droit d'entreprendre les démarches nécessaires auprès des tribunaux ou des organismes compétents en vue d'obtenir une indemnisation complémentaire.

Article 16

Violations

1. Chaque État membre désigne un organisme chargé de l'application du présent règlement en ce qui concerne les vols au départ d'aéroports situés sur son territoire ainsi que les vols à destination de ces mêmes aéroports et provenant d'un pays tiers. Le cas échéant, cet organisme prend les mesures nécessaires au respect des droits des passagers. Les États membres notifient à la Commission l'organisme qui a été désigné en application du présent paragraphe.

2. Sans préjudice de l'article 12, tout passager peut saisir tout organisme désigné en application du paragraphe 1, ou tout autre organisme compétent désigné par un État membre, d'une plainte concernant une violation du présent règlement survenue dans tout aéroport situé sur le territoire d'un État membre ou concernant tout vol à destination d'un aéroport situé sur ce territoire et provenant d'un pays tiers.

3. Les sanctions établies par les États membres pour les violations du présent règlement sont efficaces, proportionnées et dissuasives.

Article 17

Rapports

La Commission fait rapport au Parlement européen et au Conseil, au plus tard le 1er janvier 2007, sur le fonctionnement et les résultats du présent règlement, en particulier en ce qui concerne :

- l'incidence des refus d'embarquement et des annulations de vols,

- l'extension éventuelle du champ d'application du présent règlement aux passagers liés par contrat à un transporteur communautaire ou ayant réservé un vol qui fait partie d'un "circuit à forfait" relevant de la directive 90/314/CEE, qui partent d'un aéroport situé dans un pays tiers à destination d'un aéroport situé dans un État membre, sur des vols qui ne sont pas assurés par des transporteurs aériens communautaires,

- la révision éventuelle des montants des indemnisations mentionnés à l'article 7, paragraphe 1.

Ce rapport est au besoin accompagné de propositions législatives.

Article 18

Abrogation

Le règlement (CEE) n° 295/91 est abrogé.

Article 19

Entrée en vigueur

Le présent règlement entre en vigueur le 17 février 2005.

Le présent règlement est obligatoire dans tous ses éléments et directement applicable dans tout État membre.

Fait à Strasbourg, le 11 février 2004.

Par le Parlement européen

Le président

P. Cox

Par le Conseil

Le président

M. McDowell

(1) JO C 103 E du 30.4.2002, p. 225 et JO C 71 E du 25.3.2003, p. 188.

(2) JO C 241 du 7.10.2002, p. 29.

(3) Avis du Parlement européen du 24 octobre 2002 (JO C 300 E du 11.12.2003, p. 443), position commune du Conseil du 18 mars 2003 (JO C 125 E du 27.5.2003, p. 63) et position du Parlement européen du 3 juillet 2003 (non encore parue au Journal officiel). Résolution législative du Parlement européen du 18 décembre 2003 et décision du Conseil du 26 janvier 2004.

(4) JO L 36 du 8.2.1991, p. 5.

(5) JO L 240 du 24.8.1992, p. 1.

(6) JO L 158 du 23.6.1990, p. 59.

Déclaration de la Commission

La Commission rappelle son intention de promouvoir des engagements volontaires ou de faire des propositions pour étendre les mesures communautaires en faveur de la protection des passagers à d'autres modes de transport que les transports aériens, notamment les transports ferroviaires et maritimes.

VOTRE AVIS COMPTE

Laisser votre avis à propos de ce livre sur Amazon est d'une aide précieuse ! Court, long, peu importe, le geste sera apprécié à sa juste mesure.

C'est facile, il suffit de laisser votre avis sur ce livre sur le site de votre librairie en ligne.

Si ce livre vous a plu, pensez à le recommander à un ami ou à lui offrir Cela m'aide et cela peut aider un ami !

Merci.

À PROPOS DE L'AUTEUR

Léon Goswin est entré en écriture comme on rentre dans les ordres: par conviction et par hasard! Il avait 7 ans quand il a commencé à griffonner ses premiers récits. Près d'un demi-siècle plus tard, il a franchi le cap de la publication. Les idées se dessinent, les mots viennent et la constance vient s'ajouter au grand jeu de l'imagination et de la création.

Né en 1968, il a eu un parcours bien rempli. Juriste de formation, il a été avocat et magistrat, avant de se consacrer à l'enseignement et à la rédaction web. Avec un père français et une mère belge, il s'est très vite ouvert aux diversités du monde. Il parle et lit couramment l'anglais et l'espagnol, ce qui lui permet de franchir les frontières culturelles.

Amoureux de l'Amérique du Sud où il a vécu plusieurs années, il a mis les pieds sur tous les continents. Après avoir posé ses valises en Argentine et au Paraguay, il vit désormais en France dans le sud-Ouest, non sans avoir fait une longue étape en Andalousie. Autant de possibles qu'il traduit dans ses écrits, fictions ou non.

Pour ce guide, il s'est appuyé sur son expérience professionnelle de juriste et notamment sur les années passées à défendre les droits des voyageurs aériens !

Mentions légales :

Éditeur indépendant : VWLG, 47 chemin du château, 40430 SORE (France)
contact@leongoswin.com
ISBN : 9798871139844
Dépôt légal : Décembre 2023

www.ingramcontent.com/pod-product-compliance
Lightning Source LLC
Chambersburg PA
CBHW072202290526
45794CB00004B/1622